学前儿童成长启蒙与家庭教育研究

张永霞◎著

中国纺织出版社有限公司

内 容 提 要

学前教育是一个人接受教育的开端，是国民教育体系中的重要部分。本书共八章，开篇对儿童科学启蒙教育活动进行了系统介绍，在此基础上论述了学前教育对儿童发展的影响，阐述了学前儿童安全教育、生活常规与自理教育、交往的发展、家庭教育、家庭与社会的学前儿童科学教育等方面，最后论述了幼儿园与家庭合作的益处与障碍，助力家庭与幼儿园的协调工作。作为对学前儿童成长启蒙与家庭教育展开研究的有益读本，无论是学前儿童的父母、幼儿教师，还是相关学者，阅读本书都会有所收获。

图书在版编目（CIP）数据

学前儿童成长启蒙与家庭教育研究 / 张永霞著 . --
北京 : 中国纺织出版社有限公司 , 2023.10
ISBN 978-7-5229-1130-4

Ⅰ . ①学… Ⅱ . ①张… Ⅲ . ①学前儿童—家庭教育—研究 Ⅳ . ① G781

中国国家版本馆 CIP 数据核字（2023）第 196021 号

责任编辑：段子君　于　泽　　责任校对：高　涵
责任印制：储志伟

中国纺织出版社有限公司出版发行
地址：北京市朝阳区百子湾东里 A407 号楼　邮政编码：100124
销售电话：010—67004422　传真：010—87155801
http://www.c-textilep.com
中国纺织出版社天猫旗舰店
官方微博 http://weibo.com/2119887771
北京虎彩文化传播有限公司印刷　各地新华书店经销
2023 年 10 月第 1 版第 1 次印刷
开本：710 × 1000　1/16　印张：10.5
字数：186 千字　定价：99.90 元

前　言

学前教育是终身学习的开端，是基础教育的基础，是国民教育体系的重要组成部分，是一项重大的民生工程。办好学前教育、实现幼有所育，关系亿万儿童健康成长，关系社会和谐稳定，关系党和国家的未来。21 世纪以来，特别是近十年以来，学前教育的发展已成为人民群众关注的焦点，受到党中央、国务院的高度重视。我国政府连续出台政策，学前教育事业步入快速发展新时期。伴随着我国学前教育事业进入新的历史发展时期，学前教育管理也面临新的挑战和要求。

一个人整体素质的高低，特别是智力水平的高低，受学前阶段的影响。因此，要提高整体国民素质，必须从学前阶段抓起，必须高度重视学前教育。而学前教育高水平发展的基础是高素质师资，没有合格的、高水平的学前教育师资队伍，很难达到学前阶段的教育目的。从这个角度来说，学前教育师资培养机构是学前教育发展的关键因素。因此，大力发展学前教育，首先要大力发展学前教育师资培养机构，主要是幼儿师范院校。

长期以来，我国学前教育师资培养机构主要有两类，一类是注重技能的幼儿师范学校，另一类是注重幼儿教育理论的本科师范院校。实践证明，无论是幼儿师范学校还是本科师范院校，培养的幼儿师资都偏向一端，要么理论基础不够扎实，要么教育技能缺乏，特别是弹、唱、画、跳等艺术教育技能，从一定程度上说是不合格师资。幼儿教师是全能型教师，必须既懂理论又具备教育技能，要具有使幼儿在健康、语言、社会、科学、艺术五个领域学习与发展的基本理论知识和技能技巧。

素质教育应从娃娃抓起。健康教育是提高现代学前儿童素质的主要途径，即通过保育与教育相结合方式，完成学前儿童健康发展目标。《幼儿园工作规程》提出：“幼儿园的任务是：贯彻国家的教育方针，按照保育与教育相结合的原则，遵循幼儿身心发展特点和规律，实施德、智、体、美等方面全面发展的教育，促进幼儿身心和谐发展。”保教结合，已成为广大保教工作者的共识。

早期的生活经历对孩子一生的发展太重要了。尤其是 3 ～ 6 岁的学前儿童，他们从家庭走进幼儿园，用自己特有的方式探索这个色彩斑斓的世界，他们面临着生活环境中的各种压力——父母的喜怒哀乐、教师的奖惩、社会环境潜移默化的影响，孩子的健康发展牵动着每位家长和学前教师的心。

学前儿童家庭教育与其他教育相比，具有天然的早期优势。它开始于孩子出生之日（甚至可上溯到胎儿期），是“人之初”的教育，对一个人的智力发展、道德观形成、性格塑造具有至关重要的意义。举个例子，有名的“狼孩”事件中，狼孩的行为动作、生活习性和狼完全一样，由于错过了人生发展的最佳时期——婴幼儿期和童年期，即便回归社会后，对他进行专门的训练和教育，也很难恢复人性。所以，早期教育是人生的奠基教育，具有其他教育无法替代的重要性。

家庭教育是学前儿童教育的重要组成部分，融于家庭日常生活中，具有普遍性、广泛性和针对性，从刚到人间时的学习吃奶、吃饭、走路、穿衣，到学习伦理规范、社会知识、文明习惯、自然知识、生存技能等，人们都是从家庭教育、家庭生活中学来的。不同的家教传统和家风带来的影响也是不一样的。像钱学森所在的钱家，几十年间，由于钱家优良的家风，培养出了一大批对国家和民族做出杰出贡献的科学家、人文学者，这和家庭教育的风格有密切关系。

家庭教育以家庭为载体，以家长作为儿童天然的老师，通过父母和家庭成员的交往与活动、言谈举止、待人接物、日常家务劳动等来实现，这就决定了家庭教育是伴随着自然生活的教育。而且，家庭教育是在不经意的情况下进行的，没有明确的教育目标、教育计划和固定教材，更没有具备专门知识和技能的专职教师，也没有对教育方法、方式的严格、明确的规定和对教育结果的检查与评定。家庭教育不受时空限制，可以根据儿童的实际表现与发展水平，随时调整教育的内容与方法，利用一切机会对孩子进行教育，方法十分灵活。

家庭教育建立在亲子血缘关系之上，这种天然的情感联系是其他任何教育不具备的。家长对孩子的爱是无条件的，为了把孩子培养成人，倾注了自己全部的心血和精力。也因为有了血缘关系，才有了子女对父母的信赖和依恋。家长在孩子心中建立了权威性，孩子十分敬重家长，乐于获得家长的表扬，能自觉地服从家长的管教，这使得家长的教育往往具有强大的感染力和号召力。在现实生活中，幼儿阶段的孩子极度依恋父母，顺从父母的管教。

家庭教育与其他教育相比是稳定的，因为家长与孩子朝夕相处，方式方法、风格、家庭生活的环境都不会发生变化。这种持续稳定的教育方式，有利于家长对孩子进行全面、细致、系统、深入的教育。另外，家庭教育的效果是长期起作用的。人们成长的过程可以证明，人们从小因受教育而形成的习惯，至今在生活中还有深刻的烙印。

本书共八章，包括儿童科学启蒙教育活动、学前教育与儿童发展、学前儿童安全教育、学前儿童生活常规与自理能力教育、学前儿童交往的发展、学前儿童家庭教育的内容、家庭与社会的学前儿童科学教育、幼儿园与家庭合作的益处与障碍。本书力求全面，如仍有未尽之处，请各位读者批评指正。

张永霞

2023 年 5 月

目　录

第一章　儿童科学启蒙教育活动

第一节　儿童科学启蒙教育活动综述

一、儿童科学启蒙教育活动的认知

（一）儿童的概念认知

人生的发展是一个连续而不可分割的过程，儿童时期是个体出生到青少年的过渡阶段，由儿童的心理发展、生理发展、社会文化发展等作参考依据，来界定儿童时期的范围，划定与其他时期的界限。但每一个个体的发展存在差异，每个国家对儿童年龄的界定标准也不一致，这些都为明确界定“儿童”概念增加了难度。根据《儿童权利公约》的规定，就广义而言，儿童时期为 0 ～ 17 岁的阶段，但就狭义而言，儿童时期是指 14 岁以下的阶段。本书中的儿童特指年龄介于 3 ～ 8 岁的儿童（低龄儿童），主要为幼儿园和小学一、二年级的孩子。

（二）科学启蒙教育活动的概念认知

人类发展至今越来越证明：科学技术是人类进步和社会发展的巨大历史动力。科学技术实施的主要途径就是科学启蒙教育活动，此类活动是体现科技教育特色和优势的重要载体，广义上的科学启蒙教育活动是通过专业系统的科学教育与教学，让学生学习现代科技知识、掌握科学概念、领会科学方法、培养科学态度，在面对现实中的有关科学问题时懂得如何作出抉择，最终提高全民科学素养的活动形式。在科学启蒙教育活动中，教师带领儿童走出课堂小天地，走进社会大课堂，围绕某一个需要解决的主题任务，采用多样化和灵活性的组织方式，引导儿童主动和快乐地探究，使他们获得广泛的科学经验。因此，科学启蒙教育活动不仅能锻炼儿童的观察能力、理解能力、动手动脑解决问题的能力，还能培养他们的团队合作意识、语言表达及人际交往等诸多能力。

（三）儿童科学启蒙教育活动的概念认知

儿童科学启蒙教育活动是人生科学教育体系的起始阶段与基础环节，也是培养儿童科学素养的重要活动形式，一方面能满足儿童自身发展的需要，另一方面是幼儿园、小学科学教育过程中必不可少的组成部分。儿童科学启蒙教育活动同时具备了科学启蒙教育活动的特点和儿童教育的特征。儿童科学启蒙教育活动的最终目标是培养儿童早期的科学素养，主要包括：促进儿童的感知、理解、评价等认知能力发展；引发儿童对周围世界积极的情绪反应；发展儿童的创造性、批判性思维，培养良好的个人品德。

综上所述，可将儿童科学启蒙教育活动定义为：由教师根据儿童的兴趣、心理特点和认识规律，围绕某一个主题，创设一种熟悉的情景，进行策划并组织实施的启蒙教育活动。其目的是引导儿童对生活中的科学现象和问题进行观察和感知，以寻求自己想了解的答案。在整个探究实践过程中，培养儿童初步学习基本的科学知识，使其习得科学方法和技能，主动构建表象水平上的初级科学概念，获取广泛的科学技术经验及良好的科学行为与科学习惯。

二、儿童科学启蒙教育活动情况

（一）国外情况

国外发达国家的儿童科学启蒙教育活动发展较早，早在20世纪八九十年代就开始进行5～12岁连续的科学教育，现在这种制度更加完善，接受启蒙教育儿童的年龄更低，有些国家还特别把科学定为核心课程。

1. 美国

18世纪以来，美国托幼事业不断发展，他们非常重视对儿童进行科学的早期教育。现在学前一年的幼儿园教育已经普及，三四岁幼儿入保育学校的比例在20世纪60年代为11%，20世纪90年代提高到48%，目前进入各种日托中心与家庭托儿所学习的5岁以下的孩子已达到1300万，接受科学教育启蒙的儿童数量仍在增长。20世纪末，美国相继颁布了《美国国家科学教育标准》和《0—8岁儿童适宜发展性教育方案》，清晰地表达了儿童科学是一个积极参与的过程，儿童科学启蒙教育活动是一个动手动脑的过程，强调儿童科学教育观：重视培养儿童对科学的兴趣和热情；重视培养儿童的探索技能和解决问题的能力，强调让儿童意识到应该怎样想、怎样做、怎样发现；鼓励儿童进行直接的科学活动，在对材料、物体等的观察、操作中获得独特的、挑战性的直接经验。目前，美国的儿童科学启蒙教育活动也在根据儿童和理论研究发展的基础上进行改革。例如，美国幼儿教育协会针对幼小课程的连续性，曾提出一项适用于学前教育与小学低年级教育的课程设计——“适宜课程方案”；为了解决芝加哥地区学校的科学教育问题，提出了“动手做”（Hands-on）科学教育模式并进行了教学实验，取得了良好的效果；从2000年起在全球发起的PISA测试（主要从数学、阅读和科学素养三方面进行考察），了解青少年为走向社会而准备的知识和能力情况，其中学生的科学素养占据主导地位。总体来看，美国儿童科学教育将培养儿童具有良好的科学素养作为根本目标，重视培养儿童的科学兴趣，强调发展儿童的科学探究能力。

2. 英国

英国早在1988年通过的《教育改革法》中就明确规定了在学校设立全国统一课程，将科学、英语与数学并列为三大核心课程，所有5～16岁的儿童都必须接受法定的科学教育。英国的儿童科学启蒙教育活动十分强调设计与技术教育，因为他们认为儿童是未来社会的希望，应让他们提前意识到技术的发展以及这些发展通过什么途径影响人们的工作环境和生活方式，懂得技术变化的重大意义；应该教会儿童如何开展设计活动，如何运用所掌握的知识和技能来解决实际问题，如何使学生产生想法、付诸行动。可见，英国在中小学开设的科学启蒙教育活动课程重视儿童的科学调查和探索活动，重视儿童创新意识和创新能力的培养，强调技术与科学的密切关系，并在尊重科学教育发展趋势的基础上使儿童了解科学技术的发展对社会、生活产生的巨大影响。

3. 澳大利亚

澳大利亚幼儿园因儿童年龄特征相似的缘故，将幼儿和小学一、二年级年龄段的儿童划分在同一区域进行教育教学活动。为确保该阶段儿童能够享受该阶段的科学教育，澳大利亚有关科教部门专门颁布《幼儿园科技课程大纲》，规范了该阶段科学启蒙教育活动。《幼儿园科技课程大纲》突出强调了儿童通过此类活动应该提升的能力，包括调查研究（探索）的能力，设计、制作（创新）的能力，运用技术的能力。在20世纪与21世纪之交的教育改革热潮中，澳大利亚“梅耶委员会”再次提出了以关键能力为导向的教育目标改革方案，提出“为工作、为教育、为生活的关键能力”，其中特别提到了团队合作、分享信息及解决问题和应用科技的能力。由此看出，澳大利亚非常重视和强调对儿童科学能力的培养，充分体现了幼儿科学教育改革的指导思想。

4. 日本

日本十分重视儿童教育，几次修订幼儿园教育大纲。随着日本儿童教育事业的发展，日本的儿童科学教育也发生了很大变化，但始终坚持以环境教育活动为核心。1990年日本公布了重新修订的《幼稚园教育要领》，该要领指明要对儿童进行环保主题的科学启蒙教育活动，要重视对儿童情感的萌发和行为习惯的培养。2000年再一次修订了纲要，进一步突出了培养儿童怀着好奇心和探究心与周围各种各样的环境打交道，并能够将与环境交流中学到的东西应用于现实生活中，从而更加强调让儿童在与环境的直接接触中，发展其对环境，特别是对大自然的兴趣、敬畏，对外部事物和现象的好奇、探究、思考、发现以及丰富内心情感等。

（二）国内情况

通过文献资料查阅发现，我国科学教育随着人类社会和科学技术的进步也在不断地发展，儿童科学启蒙教育活动在科学教育的发展中逐渐萌生。从19世纪中叶到20世纪上半叶，科学作为“一种在历史上起推动作用的革命力量”逐渐受到普遍关注，科学教育也进入了一个发展十分活跃的时期。我国无论是在清末，还是在民国时期，小学课程设置中科学教育在低年级都占有一定比重；中华人民共和国成立以后，小学阶段的科学教育经历了一段曲折的发展历程。20世纪50年代以来，随着各国政府越来越重视科学教育工作，我国也把科学教育纳入国家政策和战略规划中，重新确立了科学类课程在小学课程教育中的地位，而儿童科学启蒙教育活动作为科学教育的重要组成部分应运而生。自20世纪80年代起，我国的儿童科学启蒙教育活动中借鉴了西方儿童科学教育理论和有益经验，对原有活动从活动理念、活动目标、内容和方法、手段等进行了全面的改革，提出了以科学素质早期培养为宗旨，以儿童为主体、教师为指导，促进儿童全面发展的儿童科学教育。

20世纪90年代以后，在儿童启蒙教育活动的教育内容上，增添了人工智能的内容，向儿童介绍科技产品及其用途，教育范围也涉及社会问题，环境教育得到重视，还有的幼儿园开展了科技小制作活动。但总的来说，儿童科学启蒙教育活动的现状仍然是：比较强调儿童在活动中感知、探索、发现、认识客观自然界、自然物、自然现象的联系和关系，而忽视技术，科学发现和技术制作的联系，科学的应用和技术的作用，以及科学、技术和社会三者的关系；比较重视使用感官、观察、分类、测量、表达、思考、解决问题等学科学的方法的学习，发展感知、观察、思维、交往等能力的发展，而忽视技能的学习，动手操作能力的培养；比较重视儿童对自然界的关注、好奇心和探索科学的兴趣的培养，而忽视培养儿童对技术的关心和兴趣，缺乏对科学、技术对社会影响的关注。

21世纪以来，我国对于3～8岁儿童的科学教育基本情况是：①儿童科学教育的载体主要是课程教学，关注学生应用知识和技能解决实际问题的能力，但是针对3～8岁儿童的科学启蒙教育活动载体还很少。②国外虽有关注3～8岁儿童年龄特征的相似性案例，有把3～8岁儿童归类在一起进行教育的情况，但很少涉及科学教育的连续性（幼小衔接）和层次性。③我国校外教育虽然开展了丰富多彩的科技教育活动，但是涉及 3 ～ 8 岁儿童的科学教育活动较少（涉及幼儿园的活动项目远远少于中小学开展的活动项目），而且由于活动将小学 1 ～ 5 年级学生分在同一组别，造成小学一、二年级学生很少参与活动。此外，校外教育与学校教育的有效衔接有待于进一步在实践中强化。

针对以上情况，通过前期的资料查阅和实践论证，适合 3 ～ 8 岁儿童身心发展的科学启蒙教育的方式可总结如下：以科学探究为中心，以“玩”为主要活动线索，并思索如何在小学一、二年级以多种探究活动的形式将儿童科学启蒙教育的成果进一步延伸、发展和深化，通过校外教育机构和学校牵手，注重“幼—小”启蒙教育活动的对接，使科学启蒙教育伴随着科学探究让儿童快乐地学科学、快乐地成长发展。

（三）借鉴与启示

通过对国外（美国、英国、澳大利亚和日本）儿童科学教育的现状与国内儿童科学启蒙教育活动的发展情况进行分析，找出国外在开展儿童科学教育活动的经验，并结合国内在儿童科学启蒙教育活动开展方面的优势与不足，归纳总结出进一步发展、完善儿童科学启蒙教育活动的经验及发展趋势，包括以下四个方面。

1. 面向全体儿童科学素养的发展

从国外发达国家颁发的科学教育标准中发现，绝大多数国家均采用了“面向每个孩子”这种说法，由此可以看出国外儿童科学教育十分注重促进全体儿童科学素养的发展。目前，我国儿童科学启蒙教育活动在理论层面上也关注到了儿童科学教育应该面向每一个儿童，然而在实践层面上，却很难促进每个儿童科学素养的发展。一方面，由于我国在儿童科学启蒙教育活动中长期采用教师讲、学生听这种传统的教育模式，容易忽略儿童个性化发展；另一方面，从事儿童科学启蒙教育活动的教师人数较少，而儿童人数是非常庞大的，一位教师面对几十位学生的现状是普遍存在的，这就直接导致教师无法顾及每个儿童的发展。为此，我国儿童科学教育中应努力扭转这种“僧多粥少”的局面，牢固树立面向全体儿童科学素养发展的理念。

2. 培养儿童健全的人格

纵观儿童科学教育的发展历程，大致经历了知识本位、方法本位和人本位三个阶段。在知识本位阶段，科学教育的重心在于科学知识，人们认为“科学知识最有价值”。随着科学技术的发展，儿童科学教育等同于科学知识教育的情况受到了挑战，教育者从“科学知识最有价值”的立场转到了“方法比知识更重要”的立场，这两个阶段都忽视了儿童自身的发展。20 世纪 70 年代中期以后，科学教育开始关注人的因素，以科学素质为出发点，致力于培养儿童健全人格，对科学情感和态度的培养越来越受到重视。而我国的教育长期以来都是以传授知识为主，儿童科学启蒙教育活动也不例外。教师已经习惯于把答案统一化，将所谓的“标准答案”传授给儿童，如此一来，不仅剥夺了儿童提出创意答案及接纳不同观点的机会，也僵化了儿童的思维，无法培养出拥有健全、完整人格的儿童。在这一点上，应该把发展每个儿童对周围世界的好奇心作为首要目标，使儿童形成积极、正确的价值观和态度，进而培养儿童健全的人格。

3. 以“科技”和“生态”为载体

随着科学技术向社会领域的广泛渗透，儿童科学教育的内容进一步更新和拓展，体现出鲜明的时代特征——以“科技”和“生态”为载体。大多数发达国家在 20 世纪就已经意识到科技之于社会、生态之于人类发展的重要性，因而相继更新了儿童科学教育内容，突出了儿童科学教育中科学与技术、生态与环境的部分。在美国《国家科学教育标准》中概括出八项科学教育内容，其中科学与技术、生命科学是两项非常重要的内容。在“科学与技术”部分，以设计为特点的技术同以探究为特点的科学是并存的；在“生命科学”部分，不仅介绍有关生命体的特性及生命周期的科学知识，更强调生命体与其环境共生共存的关系。英国和澳大利亚的儿童科学教育中都突出强调了让学生理解科学与技术的关系和发展学生的技术设计与制作能力，以现代社会生活的特征和要求构建幼儿科学教育的内容体系。日本则是从现代社会生活的另一个侧面——生态问题突出反映对幼儿进行科学教育的重要性。我国的青少年科技教育活动已经发展得较为成熟，但在儿童科学启蒙教育活动领域仍有较大的发展空间。

4. 鼓励儿童积极表现、乐于分享

在儿童科学启蒙教育活动中，适当地表达自己的想法，积极地与同学、老师交流活动心得，不仅可以巩固学习内容、丰富学习经验、加深对活动目的的理解，还可以增强自信心，提升语言表达与逻辑思维能力，培养儿童分享和倾听的优秀品质。儿童时期的学生也非常乐意将自己的想法和发现与教师、周围的同学交流与分享，因而国外儿童科学教育经常要求儿童乐于与同伴一起交流科学知识、实践体验和学习心得。然而，我国传统的儿童科学启蒙教育活动经常忽略这一环节，活动结束后的教师小结即标志着整个活动的终结，没有将儿童的表现与交流真正地开展起来。为此，需要从事儿童科学启蒙教育活动的教师真正认识到表达与交流阶段的重要价值，多鼓励儿童参与到科学探究的交流讨论中，使儿童积极表现、乐于分享。

三、儿童科学启蒙教育活动在实践中面临的新挑战

（一）目标重心需要转移

随着儿童科学教育改革的推进，人们已经意识到传统教育中将知识摆在首要位置、强调兴趣和智力，而忽略儿童探究事物的过程与方法的科学教育不具有时代性，因而试图构建新的儿童科学教育的目标体系。

从 20 世纪 80 年代和 90 年代的科学教育目标的转变就可以看出——20 世纪 80 年代的科学教育目标由知识、兴趣、能力三个方面构成，主要包括：丰富儿童关于社会和自然方面粗浅的知识，扩大他们的眼界；培养他们对认识社会和自然的兴趣和求知欲，逐步形成对待人们和周围事物的正确态度；发展儿童的注意力、观察力、记忆力、想象力、思维能力和语言表达能力。从教育目标中可以看出，这时的教育目标较为简单，知识目标被摆在首要位置。20 世纪 90 年代以来，科学教育目标由科学知识、科学方法和科学的情感态度三个方面构成，具体为：帮助儿童获取周围世界广泛的科学经验，并在感性经验基础上形成初步的科学概念；帮助儿童学习探索周围世界和学科学的方法——观察、分类、测量、思考、表达和交流信息，发展儿童的观察力、思维能力、初步解决问题的能力和动手操作的能力；激发儿童对周围世界的好奇心，增强儿童探索周围世界和学习科学的兴趣，培养儿童关心、爱护自然的积极情感和态度。通过比较分析可知，20 世纪 90 年代的儿童教育目标比 20 世纪 80 年代有了很大的改进，但是并没有发生实质性改变，需要重新构建教育目标体系，体现新的价值取向，这是时代发展的要求，也是儿童科学启蒙教育活动的发展需要。

（二）活动内容需要衔接

儿童科学启蒙教育活动一般在学校的科学课程教育活动、课外科学活动和校外教育活动中开展，学校是开展儿童科学启蒙教育的主阵地，校外教育是儿童科学启蒙教育活动设计、研究和推进的又一个重要阵地，校外教育为儿童科学启蒙教育搭建了展示、交流和评比的平台。校外教育是基础教育的重要组成部分，上海市校外教育在全国一直处于前列，上海市学生校外科学教育活动主要由上海市科技艺术教育中心主管，形成市、区、学校三级管理网络，对区和学校的科学教育活动有管理、指导、服务、辐射等功能。目前从幼儿园到高中阶段的学生都有机会参与校外科学教育系列活动，但校外科学教育活动还未形成系统完整的教育体系，仍旧存在一系列问题。例如，①大多活动的适用对象是青少年，这与青少年年龄发展特征以及国家的重视程度密不可分。《中共中央　国务院关于进一步加强和改进未成年人思想道德建设的若干意见》（中发〔2004〕8 号）和《关

于进一步加强和改进未成年人校外活动场所建设和管理工作的意见》（中办发〔2006〕4号）中，均将校外教育在青少年的成长和发展中的作用提到了十分重要的位置，提出在面向学校、面向教师、面向全体学生的校内外教育衔接中，校外教育要承担指导学校、培训教师、丰富学生课余生活的工作，积极探索学校和校外教育衔接的实践内容。②各个科技教育活动之间相对独立、缺乏衔接性。比如，《2001—2005年中国青少年科学技术普及活动指导纲要》（国科发政字〔2000〕516号）、国家教育部发布的《3—6岁儿童学习与发展指南》（教基±〔2012〕4号）等文件，都提出了学生相关科学学习的要求和内容等。但如何在满足各个阶段学生科学教育学习的基础上，通过校外教育机构和学校联手，将各部分科学内容有效地衔接起来又是一项新的挑战。

（三）组织策略需要更新

传统的儿童科学教育中，教师在活动组织实施中最关心的是把教学规定的自然常识和社会常识传授给儿童，主要通过教师讲、学生听的方式，儿童被动地接受、练习和记忆。在此类活动中，教师拥有足够的权威，学生绝对地相信教师，不会自己思考，也不敢自己动手探究，严重缺乏主动性和创造性。近年来，我国科学教育在组织策略方面进行了一些研究和探讨，动手“做科学”成为公认的发展趋势。让学生亲自动手、动脑获得直接经验，而不是静态地、被动地吸收知识；让学生自由探讨，激发学生持续性的自我学习，开发学生的创造力，而不是一味灌输；让学生在教师引导下亲自从事探究活动，主动去思考、去操作，从而提炼出科学的研究方法和探究精神，而不是仅获得表层的知识。当然，由于强调学生的自主探究，在此过程中也会产生新的问题。比如儿童的需要和兴趣与教师预想的目标会发生冲突，如果按照传统的组织策略，教师为了完成既定的教学目标，可能会不断引导学生从“偏离的轨道上”回来，这种做法就不能充分发挥学生的主观能动性，也没有体现学生的主体作用。因此，需要对儿童科学启蒙教育活动的组织策略进行更新、改革，采用以儿童主动探索和学习为特点的组织策略，使儿童从教学中解放出来，成为真正的探究者和学习者。

第二节　儿童科学启蒙教育活动的理论基础

一、儿童认知发展的特征

这里所研究的儿童主要是年龄为3～8岁的学生，他们正处于认知、心理迅速发展的时期，既保留着幼儿期的一些心理特点，又开始了童年期心理发展的历程。关注和了解这个阶段的儿童，对于教师顺利有效地开展科学教育教学工作，帮助初入学儿童迅速适应学习和生活，都有非常重要的意义。儿童的认知发展包括感知、记忆、注意、想象、思维等心理过程及其品质的发展，教师根据 3 ～ 8 岁儿童特殊的心理特征加以引导，给孩子一个逐步适应的过程，才能做好幼小衔接的科学启蒙教育活动。

（一）感知特点

3 ～ 8 岁儿童的感知尚处于初步发展水平，他们对事物的空间、时间和运动特性的感知有很大的局限性。但观察力作为感知觉发展的高级形态，在这个时期初步建立并得到快速发展。有研究者对幼儿园及小学生的观察品质进行比较分析，发现幼儿园及小学低年级学生在观察精确性方面仍不完善，他们只关注事物的大致轮廓及整体特征，不能作精细分析和细节把握，如以识字为例，该时期的儿童常常把“未”与“末”、“已”与“己”相混淆。在目的性方面，此时儿童的随意性和抗干扰能力较差，无法保证长时间的持续观察，专注时间较短。此外，他们观察事物分不清主次，感知事物常常跟着兴趣走，不按教师的要求去感知，所以显得凌乱、不系统、缺乏顺序性等。

（二）记忆特点

在学习中，幼儿园、小学低年级阶段的儿童运用机械记忆的方法较多，该阶段的儿童能够记住某一事物要么是刻意、机械式的多次重复，要么是潜移默化，这是跟他们的知识经验少，理解能力差有关。值得注意的是，该阶段儿童的无意记忆仍占主导地位，即学生不是有意识地记忆，而是以事物、活动本身的吸引力为基础。根据儿童无意记忆的特点，教师在组织儿童科学启蒙教育活动时可有意识地选择色彩鲜艳的教具，或者设计趣味性强的活动过程（例如，听故事、角色扮演、动手参与等），充分调动儿童的兴趣与热情，让他们在不知不觉中将活动过程铭刻于心。

（三）注意特点

无意注意占优势是该时期儿童注意力的一大特征，有意注意也在随着年龄、经验的增长逐渐完善。他们的注意常常容易被运动的、鲜艳的、新奇的、有趣的事物所吸引，注意的稳定性较差，容易出现注意力分散现象。研究表明，3 ～ 4 岁儿童的注意力保持时间较短，5 ～ 7 岁儿童的注意力保持时间稍长，为 15 分钟左右，7 ～ 8 岁儿童的注意力保持更长一些，为 20 分钟左右，因而，各个年龄段的儿童根据注意力的保持时间适当放松，或者变换一下学习方式。同时，要去除儿童科学启蒙教育活动中其他无关因素的干扰，如与活动无关的声响、活动教室墙上过多的装饰、随意丢弃的玩具、夸张的着装与装扮等。

（四）想象特点

想象力是人在头脑中创造一个念头或思想画面的能力。当然，这个创造并非凭空产生，而是在掌握一定知识的基础上完成的。毫无疑问，3～8岁儿童的想象力实际就是对已有形象的再造、联想和迁移，不难看出该年龄段的儿童想象力仍处于迅速发展的时期，在认知方面还存在缺陷。比如，看到一个圆形，儿童会联想到太阳、饼干、皮球、鸡蛋等。由此可见，该时期儿童的想象力具有复制和简单再现的特征，情境性较强，目的性较差。

（五）思维特点

幼儿园和小学低年级儿童的思维以形象思维为主要形式，虽然他们已经开始学习简单的文字和数字，发展自己的抽象逻辑思维，但仍离不开具体形象的支持。因此，在儿童科学启蒙教育活动中，实物和直观图像都是重要的辅助工具，更易于儿童的理解。心理学的研究一再表明："儿童的年龄特点决定了他们对物质世界的认识还是感性的、具体形象的；儿童的思维还常常需要动作的帮助，他们对物质世界的认识还必须以具体的事物和材料为中介和桥梁，在很大程度上借助于对物体的直接操作。"

综上所述，3～8岁儿童不可避免地延续着幼儿时期的一些心理发展特征，依然很喜欢游戏，同伴交往、社会性发展等都在游戏中继续发展。3～4岁儿童还保留着"口语时代""自我中心"的特征，还不能把自己和外部世界完全分开，他们会认为外部世界的事物是因他而来的，甚至有些事情就是为了他才发生的，如孩子会认为月亮是随着他的移动而移动的。儿童在5～8岁处于直觉阶段，这个阶段仍有自我中心阶段的某些特征，不同的是直觉是与所感知的现象相联系的，而不是与个人的感觉相联系。这个阶段的儿童还不能同时考虑高度和宽度（例如，同样多的液体放在粗细、高矮不同的瓶子里，儿童会认为高瓶子里的液体多）、数量和空间位置（例如，两排同样多的扣子排列的疏密不同，儿童会认为排列稀的一排扣子多），也不能很好地处理部分与整体的关系问题等。

二、儿童科学启蒙教育活动的教育学理论

（一）STS教育理论

所谓STS（Science Technology Societ，STS）教育理论，是"科学、技术、社会"教育的简称，即这是围绕科学、技术和社会三者之间的相互关系为重点进而设计实施的一种新型的教育模式。它不仅强调科学与技术的相互支持，还强调

科技与社会的相互作用，尤其是科学技术在社会生产、生活和发展中的应用，即突出知识的应用。这种新型教学理念在提出之后迅速成为当前国际理科教学的改革热点，它体现了科技的实用性和人才的适用性以及科技、社会发展的观点。STS 教育的目标是：全面提高学生的科学意识及科学技能、技术意识和实践技能、社会意识及服务效能。这与《中共中央 国务院关于深化教育改革 全面推进素质教育的决定》中明确提出的“以提高国民素质为根本宗旨，以培养学生的创新精神和实践能力为重点”的教学目标完全一致。简言之，其内容可用“知识”“技能”“参与”三部分来概括。将 STS 的教育理念渗透在儿童科学启蒙教育活动中，“知识”是指通过 STS 教育，儿童能够理解并掌握适合其年龄特征和知识储备的学科知识，主要包括自然科学知识和社会科学知识，此外，还包括两者结合以及其他相关层面的知识内容。“技能”是指儿童掌握或初步掌握科学活动的技能、技术发明和应用的技能、收集和处理信息并以此进行分析的技能、解决与科学相关的社会问题的技能等。“参与”是指儿童参与解决与科学相关的生产或生活中问题的活动，并由此形成正确的价值观和对社会的责任感。

步入 21 世纪，粮食、人口和环境等成为困扰人类的重大问题，这些问题都需要科学的发展来解决，科学的新发展、新成就随着改革的发展层出不穷。随着社会的发展，科学已经成为带动研究、经济、社会发展的领头学科，它与人类生产、生活和社会经济的发展密切联系。在儿童科学启蒙教育活动中融入 STS 教育理念，能让儿童亲身感受资源有限的危机感，让他们从生活和生产中感受保护生态、节约能源的重要性，让他们体会维持社会可持续发展关乎每个人的切身利益，是每个人应尽的义务。

（二）活动课程理论

与传统的直接通过教学让学生学习大量的科学知识、概念和原理的科学教育教学观不同，活动课程理论强调儿童科学教育过程应以活动为载体，让儿童在活动体验中去学习、去发现、去感悟，突出儿童经验在教育中的核心地位，认为“教育是对经验连续不断的改造，而经验是由做和活动中得来和被修正的”，这样做能够克服传统教学的诸多弊端，贴近社会生活的实际，从而使知识能够“活起来”。美国著名教育家杜威正是这一理论的倡导者，他特别强调“儿童主动作业”，以“做中学”为教育的基本原则和方法论核心。在活动课程的实施方面，他提出了活动教学的一般方法模式：要有一个学生感兴趣的连续的活动；作为思维的刺激物，要产生一个真实的问题；通过必要的观察、记录、讨论，对付这个问题；将解决方法有条不紊地付诸行动；通过应用检验观点，确认这些观念是否明确有效。

活动课程理论突破了传统课程的限制，是一种更自由、更能按照儿童的兴趣和需要进行的科学教育活动，能够真正做到以学生为主体。除了注重学生对活动课程的兴趣外，活动课程还充分考虑了活动的知识性，并把社会热点、价值观念融合进去。儿童科学教育的主要表现就是开展各式各样的儿童科学启蒙教育活动，杜威的活动课程理论就能很好地为儿童科学启蒙教育活动的开展提供理论支撑。以活动作为实施教育的载体，联系社会及生活实际，引导学生进行自主探究。

（三）建构主义理论

20世纪80年代末，建构主义理论兴起。随着研究情景认知、情景学习及情景人工智能的热潮在认知领域出现，建构主义出现跨越式发展。建构主义理论认为，知识不是由教师向学生直接传递的，而是学生在信息的刺激下，根据外在信息在自己已有经验的基础上通过“同化”“顺应”逐步形成的，并在“平衡—不平衡—新的平衡”的循环中不断充实和发展。该理论还认为，一个理想的学习环境应该涵盖情境、协作、交流和意义建构四大要素，即为学习者在建构知识时提供一定的情境，以融合各自的知识和经验，就相应问题进行相互间的协作与交流，从而进行一次有意义的建构。

随着建构主义理论的发展和完善，在科学教育领域，出现了一种全新的基于建构主义的科学教学模式。这种科学教学模式应用于儿童科学教育领域，为儿童科学启蒙教育活动的开展开创了新的局面。儿童科学启蒙教育活动理应最大化地发挥学生的学习主动性，让学生成为知识系统的主动构建者；让学生在真实或创设的情境中获得收获和经验，从而加深对知识的理解；活动过程足够开放，设计一些开放式问题并鼓励学生积极发问，从而构建知识。科学教育是一种开放式教育，教育活动的内容多为开放性的，重在学生“学”的过程，强调对知识的主动建构，在活动中拓宽视野、增长见识、学习知识，儿童科学启蒙教育活动实际上正是基于建构主义学习理论的典型教育活动。在儿童科学启蒙教育活动中应尽可能深入地挖掘建构主义学习理论的内涵和意义，从而研究和开发高质量、有价值的儿童科学启蒙教育活动。

（四）多元智能理论

20世纪80年代，美国著名心理学家H. 加德纳提出了多元智能理论，他明确地将人类的思维和智能分为八个方面，即八大智能领域：语言智能、数学智能、空间智能、运动智能、节奏智能、人际关系智能、自我认识智能、自然观察智能。加德纳认为多元智能是一个开放而非封闭的系统，每个人至少具备上述八种智能，只不过各种智能的发展有一定的先后顺序，而且每个个体在智能的发展程度上存在差异。

不管哪种智能，不同的学生都有无限发展的可能，因此，活动应当全面灵活，应致力于多种能力的发展，来激发他们各种智能的组合。儿童科学启蒙教育活动具有较强的开放性、灵活性、选择性，学生可以根据兴趣、发展来自主选择不同的活动进行学习。在一些活动中，儿童由于年龄、经验的限制，必然会遇到这样或那样的问题，这时他们需要互相讨论交流或向教师寻求帮助，在师与生、生与生的交流中就可以提升儿童的语言智能和人际关系智能。在一些参观考察类的启蒙教育活动中，学生需要在实际社会环境中发现和考察问题，便可锻炼学生的运动智能、空间智能及自然观察智能。在大多儿童科学启蒙教育活动结束后，会有活动评价环节，学生结合自身参与活动的情况进行自我反思与评价，从而促进自我认识智能的发展。由此可见，儿童科学启蒙教育活动若想取得更大的发展，离不开多元智能理论为其提供多元化的发展方向。

（五）行为主义理论

行为主义理论的主要代表人物有巴甫洛夫、桑代克和斯金纳，主要观点为经典条件作用理论、联结作用理论和操作条件作用理论。

经典条件作用理论认为学习是刺激替代的过程，不同的学习内容相当于不同的刺激，在不断的学习过程中，刺激不断更替，新刺激不断替代原有的刺激。此外，刺激也可以产生反应，从而引起新的刺激。这就相当于在探究某一问题过程中还会产生新的疑问一样。联结作用理论认为新旧知识的联系需要纽带，这个纽带就是教学情境，因而，该理论主张教学应通过安排各种情境，将知识寓于活动场景中，以便产生预期的联结作用达到教学目的。操作条件作用理论则认为机体接受刺激可以形成反应，要注意这里的刺激不一定是显著的刺激，这种反应称为“应激性反应”，与之对应的“操作性反应”是机体自身主动发出的反应。

儿童科学启蒙教育活动为创设学习情境提供了得天独厚的外部条件，而且所有科学教育活动都是以满足学生的兴趣为目的开设的，这种良好的外部条件加之教学目标明确了儿童科学启蒙教育活动作为一种强有效的刺激作用于学生，可以激发学生主动学习的热情，继而产生有效学习的行为。儿童也会在活动中发现“刺激”因子，通过不断“强化”巩固知识。因而，儿童科学启蒙教育活动培养学生的创新能力从根本上说是应用了行为主义理论的科学原理。

（六）STEAM 教育

STEAM 教育理论（Science Technology Engineering Art Mathematics，STEAM），提倡集科学、技术、工程、艺术、数学于一体的综合教育，由 STEM 教育演变而来。STEM 教育在美国由来已久，尤其是步入 21 世纪之后，为了提高国家的全球竞争力，鼓励学生在科学、技术、工程和数学方面不断创新，以提高科技理工素养为目标的教育。2009 年，美国国家科学委员会在发表的《改善所有美国学生的科学、技术、工程和数学教育》中曾明确指出，STEM 教育是建立领导地位的基础，国家要动员所有力量支持每一位美国学生发展高水平的 STEM 知识和技能。至此，STEM 教育受到各国的重视。STEAM 的原型本是 STEM，是在 STEM 计划的基础上多加了一项“艺术”，相对来说，STEAM 比 STEM 注重的原色更加多元化，要求的学科能力更丰富。

STEAM 教育主张在教育中要特别注意培养学生科学的探究方法，不断提高学生的操作和设计实验、分析数据、得出结论、讨论与交流、展示成果等方面的技能。这就要求 STEAM 教育中五门学科的教学必须紧密相连，以整合的教学方式培养学生掌握知识和技能，并能进行灵活迁移、应用、解决真实世界的问题。为了完成 STEAM 在科学、技术、工程、艺术和数学领域提出的教学目标，无论是学校还是校外教育机构都专门开设了 STEAM 相关的教育活动课程。然而，由于学校教育已经形成完整科学的教育课程体系，实施起来困难重重，此时，校外教育就像 STEAM 教育天然的沃土，越发显示出其独特的优势。因此，校外教育机构可通过开展不同类型的儿童科学启蒙教育活动对儿童进行 STEAM 教育，选取当下在科学技术、工程、艺术、数学领域取得的最新成果作为教学内容，来培养学生的科学思维能力，以及用 STEAM 理论来解决科学、技术、工程、艺术和数学问题的能力。

（七）创客教育

“创客”一词源于英文单词 maker，是指出于兴趣与爱好，努力把各种创意转变为现实的人，而创客教育就是创客文化与教育两者的结合。它是在学校教育中大量的作业与考试造成了学生的死记硬背，从而抑制了儿童的创造力和创新精神这一背景下提出的。创客教育基于学生兴趣，以项目学习的方式，使用数字化工具，倡导造物，鼓励分享，培养跨学科解决问题能力、团队协作能力和创新能力的一种素质教育。

创客教育的关键点是如何将创客空间整合到现有的教育项目中。创客空间是创客们制作、交流、共享知识和资源及项目协作的环境，对于教育来说，创客空间还是教学的场所。教育者的任务就是把课堂变成一个充满活力的创客空间，将教学任务赋予强烈的目的性和情境性，鼓励学生创造物品、发明工艺、分享创意点子。通过分享使个人的创客过程延展为一个更为广泛的经验、技能甚至知识的创作过程，而在分享的过程中，创客们可以共享不同分享对象的方案设计、跨文化的分享策略、与众不同的平台使用方法，这一系列的经验获取便是一种超越了简单制作的更为高级的学习过程。这恰好与儿童科学启蒙教育活动的教育理念不谋而合，将科技创新教育理念引入儿童科学启蒙教育活动无疑是正确的选择。

第三节　儿童科学启蒙教育的目标和内容

一、儿童科学启蒙教育活动目标的构成

我国对儿童科学教育目标的认识，最早可追溯到国民政府时期，从最初的以基础知识为主要线索，到如今关注“科学探究”的中心地位，经历了一个漫长的演变过程。

2001 年 7 月教育部颁布的《幼儿园教育指导纲要（试行）》（以下简称《纲要》）具体规定了幼儿园科学教育的目标。包括：对周围的事物、现象感兴趣，有好奇心和求知欲；能运用各种感官，动手动脑，探究问题；能用适当的方式表达、交流探索的过程和结果；能从生活和游戏中感受事物的数量关系并体验到数学的重要和有趣；爱护动植物，关心周围环境，亲近大自然，珍惜自然资源，有初步的环保意识。2016 年 9 月，在素质教育取得显著成果的基础上，在增强 21 世纪学生核心素养成功适应未来社会这一前瞻性目标的驱动下，中国学生发展核心素养研究成果发布会公布了《中国学生发展核心素养》，强调以培养“全面发展的人”为核心，分为文化基础、自主发展、社会参与三个方面，综合表现为人文底蕴、科学精神、学会学习、健康生活、责任担当、实践创新六大素养，具体细化为国家认同等十八个基本要点。根据这一总体框架，可针对学生年龄特点进一步提出各学段学生的具体表现要求。当然，这也为儿童科学发展提供了方向。

综上所述，学生在儿童科学教育总目标的基础上，结合各学段参与者与活动的具体情况，对总目标分解为三个方面：情感态度与价值观、过程与方法、知识与技能。

目前学校课程教育中的小学科学教育总目标是：第一，知道与周围常见事物有关的浅显的科学知识，并能应用于日常生活，逐渐养成科学的行为习惯和生活习惯；第二，了解科学探究的过程和方法，尝试应用于科学探究活动，逐步学会科学地看问题、想问题；第三，保持和发展对周围世界的好奇心与求知欲，形成大胆想象、尊重证据、敢于创新的科学态度和爱科学、爱家乡、爱祖国的情感；第四，亲近自然、欣赏自然、珍爱生命，积极参与资源和环境的保护，关心科技的新发展。

整合幼儿园和小学阶段的科学教育目标，儿童科学启蒙教育活动着重于

3～8岁学生获得直接的体验和实践经验，培养学生的创意和探究兴趣，利用兴趣的驱动作用促进学生的求知欲。

（一）情感态度与价值观目标

（1）富有想象力，保持对未知的好奇心和探究兴趣。

（2）学会尊重他人，乐于分享、与他们讨论交流。

（3）亲近大自然、融入大自然，了解自然事物和现象，爱科学，具有尊重事实的科学品质，形成初步的科学精神和态度。

（二）过程与方法目标

（1）体验科学探究的过程，了解一些科学的探究方法，并积极参与一些简单的社会实践。

（2）获得探究解决问题的策略的感性认识。

（3）在做中学过程中初步具备一定的阅读、运算、观察、概括的能力，初步学会收集和处理图文资料的能力。

（三）知识与技能目标

（1）了解有关语言、自然、劳动和社会等方面浅显的基础知识。

（2）尝试动手、动脑锻炼，协调手指之间、手眼之间的配合。

（3）获得有关周围事物及其关系的经验，并有使用的倾向。

二、儿童科学启蒙教育活动的类别

儿童科学启蒙教育活动按性质可分为“儿童科学情境游戏”“儿童科学普及活动”和“儿童科学探究活动”三大类。这些3～8岁的儿童科学启蒙教育活动主要由校外教育机构牵头，与学校携手共同设计和研究，进而在学校课外活动和校外教育活动中进行实践、交流、展示或者评比等。

（一）儿童科学情境游戏

儿童科学情境游戏是让儿童依据一定的活动规则，运用想象和模仿，创造性地通过情境运动反映或再现现实生活中科学知识和科学技术的群体性游戏活动。特点是在科学情境游戏中，以一个简单的科学知识或者科学技术为主题，儿童边玩、边练、边学，儿童是活动的主人，怀着愉悦的心情学习科学，这对年龄幼小、初次接触儿童科学教育的孩子尤其适用，通常一个儿童科学情境游戏的呈现时间在8分钟左右。一个简单的科学教育内容用科学情境游戏进行呈现，为科学普及活动系列性地开展做好了铺垫。

（二）儿童科学普及活动

儿童科学普及活动，简称儿童科普活动，它是儿童科学启蒙教育活动的主体和普及的基础，其涉及的年龄段更宽泛，参与人数更多，活动周期相对较长，短则 5 ～ 7 天，长则 3 ～ 5 个月。儿童科普活动是围绕一个活动主题，基于学生的直接体验，密切联系儿童的生活和社会，活动形式丰富多彩，在以学生自主活动为特征的实践操作中，实践科学结论，发现新知识，是一种以学生的经验和生活为核心的实践性活动。儿童科普活动广泛、持久地开展为儿童科学探究活动奠定了坚实的群众基础，也为探究水平的提高做好了必要的知识储备。

（三）儿童科学探究活动

区别于儿童科学情境游戏初步培养儿童的科学探究兴趣，儿童科学探究活动的研究更深入，科技含量更高，活动时间根据儿童的年龄和活动性质的不同而不同，短则 15 ～ 30 分钟，长则分解成同一主题多次、系列性的探究，活动有时也可以作为儿童科普活动的部分内容。儿童科学探究活动是儿童在 3 ～ 8 岁年龄阶段，用获取知识、接纳科学的思想观念、领悟科学家们研究自然界所用的方法而初步进行尝试的各种简单、浅层次的科学活动，包括观察、测量、制作、提出假设、进行实验、构建模型和进行交流、记录等过程。使学生通过简单模拟类似科学家的探究过程理解浅显的科学概念和探究的本质，并培养学生的科学探究能力。

三、儿童科学启蒙教育活动的内容

（一）选择儿童科学启蒙教育活动内容的原则

按照 3 ～ 8 岁儿童各个年龄段所涉及的科学教育内容，自行设计开发集体性的科学启蒙教育系列活动内容时，选择内容的要求如下：

1. 科学性

儿童科学启蒙教育活动内容应选择基本的、具有代表性的科学知识，这样才能够促进儿童对科学知识概念的理解、方法技能的掌握、观念态度的转变。例如选择与儿童息息相关的，熟悉的科学主题开展系列科学探究活动“能干的小手”“小小建筑师”“纸条提水”“指纹显原形”等。儿童科学启蒙教育开展的各活动单元具有一定的知识关联性和技能递进性，活动设计严谨、结论准确，如小班开展“叠叠高”，中班开展“纸条提水”、大班开展“纸桌”、一年级开展“纸桥承重”、二年级开展“小小建筑师”；另外，科学启蒙教育所涉及的内容，如概念知识、试验方法等要具有科学性，没有科学错误等。

2. 适切性

根据儿童的年龄特征和思维水平，活动内容与日常生活紧密联系，选择直观、有趣、有创意、形式新颖的活动内容，引发儿童的好奇心和学习兴趣，在科学学习上遵循由内涵到外延的方法。在实践中，经常会发现教学中老师为孩子们预设的教育内容或者操作材料远离儿童的生活，或者超出儿童的年龄段特点和认知规律，尽管浪费很多时间讲解，但儿童并不感兴趣，也无法掌握。因而，在选择儿童科学启蒙教育活动内容时一定要在满足学生兴趣的基础上，选择适合学生年龄、经验和认知特点的内容，这样才能更好地达成教学目标。

3. 实践性

苏霍姆林斯基曾说："儿童的智慧在他手指尖上。"儿童天生好动，好奇心强，总想对感兴趣的事物摸一摸、玩一玩、做一做。儿童科学启蒙教育活动恰好可以满足儿童的这种天性，让儿童在一定的情境中感受和了解科学问题，并在适当的条件下进行操作。在实践中操作正是让儿童自己动手去发现问题、解决问题，充分发挥儿童主观能动性的一种先试后讲的方法。结合教学实践和探索发现，在儿童科学启蒙教育活动中，让儿童动手操作非常重要，它是提高儿童科学活动效率的有效手段。因为儿童科学启蒙教育活动并非主张直接将科学知识灌输给儿童，而是尽可能地让儿童在可直接操作的活动中去掌握，即让儿童通过对材料的使用，发现科学现象，并用语言表述操作的过程和结果，最后由教师引导儿童对这些感性经验进行整理和概括，从而使儿童获得粗浅的科学知识和经验。

4. 时代性

关注当今前沿科技发展情况，根据时代发展、科学技术进步的情况，来选编科学教育的内容，让时代精神贯穿儿童科学启蒙教育始终。选取高科技中浅层的、儿童能够理解的成分，通过科学、有趣的教学途径，让儿童获取大量的科技信息、形成初步的科学态度与科学精神等。因而，在儿童科学启蒙教育活动的内容选择上，要及时更新活动资料，去除陈旧的、无趣的、落后的活动材料，有意识地选择能够体现时代发展、科技前沿的内容，这样才能迎合儿童的兴趣需求，体现时代发展的方向，满足儿童科学启蒙教育活动的教学要求，体现科学教育活动与时俱进的特点，彰显时代特征。

（二）选择儿童科学启蒙教育活动内容的方法

儿童科学启蒙教育活动的内容经过有意识地选择之后，还要加以合理与适当的组织，才能使科学启蒙教育活动获得最好的效果。当前科学教育主要采用主题单元式选编内容，即以类别为单元组合教材，加强科学教育活动内容纵横联系的方法。以科学探究活动为例：

1. 梳理年龄段特点成横向递进

研究对象为3～8岁儿童，可分为不同年龄段，即学龄前小班、中班、大班幼儿及小学一年级、二年级学生，按照年龄从小到大，由左到右形成横向排列。

2. 梳理适合的科学内容为纵向联系

孩子是天生的研究者，《3～6岁幼儿学习与发展指南》说明，幼儿科学探究的目标为三大点，即亲近自然，喜爱探究；具有初步的探究能力；在探究中认识周围的事物和现象。从儿童身边的事物出发，3～8岁儿童涉及的科学探究内容围绕生物科学（人体、动物、植物等）、自然科学（声音、力与运动、沉与浮、光影、电与磁、自然、化学等）、综合科学制作、地球空间等主题，从上至下形成纵列。

3. 遵原则，循途径，有方法

按照3～8岁儿童各个年龄段所涉及的科学探究内容，遵守儿童科学启蒙教育活动内容选择的原则，循着科学启蒙教育活动内容选择的途径，由校外教育机构与学校联手自行设计开发集体性的科学探究系列活动内容，在横向和纵向上形成网状结构，螺旋式提升。

四、教学目标和内容需求化的意义及途径

（一）教学目标和内容需求化的意义

维果茨基曾说："童年早期儿童是按照自己的大纲学习的，学龄儿童按照教师的大纲学习，而学前儿童的学习则是按照教师的大纲变成自己的大纲的程度而定的。"由此可见，已颁布的教学大纲并不能直接拿来使用，将已有的大纲与学生自身发展情况相结合，开发出适合儿童自己的教学纲领才是最科学、最实用的。当然，两者的结合并非简单直接、一蹴而就，要综合考虑两者结合的可行性。因此，这个纲领应该按照能提高儿童科学素养的方向来编制，设置一定的等级，随着培养对象年龄的增加，内容不断地深化。在这个意义上，这个纲领的制定可以在校外教育机构与学校联手下，与学校原有的大纲存在异曲同工之处。同时，它应该是儿童自己的大纲，换言之，纲领的具体实施顺序应该结合儿童的兴趣、心理特征、认知规律，根据儿童的兴趣和水平随时调整，不能完全照搬。只有这样，才能开发出最为适宜的教学目标，才能促进儿童主动探究和有意义的学习。

（二）教学目标和内容需求化的途径

1. 倾听儿童的问题和疑问，发掘教育价值

儿童是天生的科学家，常常会提出各种"稀奇古怪"的问题。其中很多问题

是教师和家长闻所未闻的，根本就不知道答案，或者知道答案但不知道怎样用儿童听得懂的语言来表达。这种情况下，绝大多数家长和教师会采用置之不理或者“蒙混过关”的战术，从而错失一次很好的教育时机。实际上，儿童的问题有时乍听上去是无理取闹，细究起来却非常有道理，若加以重视，或许能开发出教育深层次的价值。这就要求教师和家长要尊重儿童、善于倾听，了解儿童在科学教育中的疑问和问题。

2. 收集、处理儿童的问题，运用教育价值

对于儿童在参与活动中突发灵感想出的疑问，有些是教师无法直接解答的，这时候就可以在科学发现室、活动室或自然角、科学角等活动区角设置问题箱，了解和收集儿童的问题和疑问。这些问题和疑问可以作为科学教育的起点，可以顺应和支持儿童探究这些问题，生成科学教育活动。面对儿童提出的问题，教师即使明知道答案，也要尽量让儿童通过自己的探索获取信息、找到答案；对于那些教师也不知道答案的问题，教师在肯定问题价值的基础上，鼓励儿童通过查阅书籍、网络平台寻求答案。

3. 创设教育情境，深化教育价值

在教育目标和内容中，还包括对儿童进行生存和社会意义教育，因而儿童科学教育不能局限在科学知识的传递、科学素养的培养上，还应该对儿童进行情感态度价值观的教育。此时，教育情境的创设显得尤为必要。科学教育中的教育情境应具有生活性，可以从儿童鲜活的日常生活环境中发现、挖掘学习情境的资源；也可以设置具有一定内涵问题的情境，使之成为感知思维的对象，从而在学生心里造成一种悬而未决但又必须解决的求知状态，实际上也就是使学生产生问题意识，达到深化教育价值的目的。

第四节　儿童科学启蒙教育活动评价

一、儿童科学启蒙教育活动的评价理念

儿童科学启蒙教育活动的评价与大家平时所熟悉的标准化测试和纸笔考试有很大的不同，其价值取向、评价目标、评价方法是多元且开放的，它的评价应重在学习过程，而不是研究结果；重在知识技能的应用，而不是掌握知识的数量；重在亲身参与活动的感悟和体验，而不是直接接受别人的经验。

对儿童科学启蒙教育活动进行的评价，是为了更好地了解活动开展的效果、儿童在活动前后的转变、活动目标的达成情况，绝不是为了评价而评价，因而在评价过程中要注重过程性、多元化。评价既针对活动本身，又针对教师和儿童；

根据儿童的年龄特点，儿童的评价可以由教师或者家长进行，儿童的自我评价也可以在教师和家长的帮助下开展。

（一）评价的价值取向

1. 过程性

儿童科学启蒙教育活动是一项实践性的综合活动，它关注学生的亲身实践，关注儿童的行为表现，关注他们在这个过程中的情感、态度与价值观的体验。由于活动具有开放性、不可预见性，活动结果因人而异，如果导致好的结果，儿童可以体验到过程的艰辛，获得成功的喜悦；但也会有一些意外情况，导致活动局部甚至整体失败的可能，活动结果的失败并不意味着该活动本身是失败的，受挫的活动也可以作为活动的预设学习内容。因而，在对儿童科学启蒙教育活动进行评价时，无论最终结果成功与否，只要儿童经历了活动过程，在活动过程中形成了一定的认识，获得了有意义的经验和体验，都应该给予积极的评价。把儿童科学启蒙教育活动评价融入活动过程中，评价本身成为活动的组成部分，是儿童和教师的重要学习过程，也是儿童科学启蒙教育活动评价的重要特征。

2. 多元性

多元评价是以加德纳的多元智能理论为指导，形成的关注儿童各方面智能的综合的、多元化的评价体系。在多元评价观念的背后，反映了当代在科学观、知识观、学习观方面的新认识，以及追求教育民主、尊重个人价值的时代精神。多元评价的观念颠覆了评价的很多传统认识，表现为评价主体的多元化、评价方法的多元化、评价内容的多元化等诸多方面。首先，儿童科学启蒙教育活动的主体是多元的，儿童、教师和活动相关工作者都可以作为评价者；其次，评价方法以自我评价为主，采取自我评价与他人评价相结合、个别评价与集体评价相结合、过程性评价与终结性评价相结合、量化评价与质性评价相结合的做法。具体评价时，可以采用实作评价、档案袋评价和答辩会等方式；评价内容是多元的，可以对活动过程中问题提出、方案设计、组织实施、数据处理、交流展示等作出评价。总体而言，无论从哪个角度、哪个层次评价，都应该对活动方式给予充分的肯定。

（二）评价的主要目的

儿童科学启蒙教育活动旨在密切儿童与生活的联系，推进儿童对自然、社会和自我的整体认识和体验，发展儿童的创新能力、实践能力及良好的个性品质。但是该活动的实现程度、教师的水平和儿童的提高程度均难以量化，因而不可能像学科课程一样用量化的分值进行评价。儿童科学启蒙教育活动评价是以儿童现有的教育基础为起点，依据“儿童自我参照标准”，即关注儿童参与科学启蒙教育活动的参与度、实践性，来作为评价儿童科学启蒙教育活动最终结果的科学性。值得注意的是，在活动评价过程中要注重儿童的实际体验和发展程度，强调对过程的评价和在过程中的评价，重视活动过程中的自我评价和自我改进，着眼于这种评价能否有效促进教师和儿童的长远发展。

（三）评价的一般原则

儿童科学启蒙教育活动的评价原则是以儿童科学启蒙教育活动的本质和规律为依据，以重视活动中的体验为前提，以尊重儿童的差异为准则，遵从科学性、客观性原则，以促进儿童的发展为目的。

1. 以重视活动中的体验为前提

长期以来，教师都是以学期期末对儿童发展水平的检测作为终结性评价，导致研究者对儿童在科学启蒙教育活动中的发展知之甚少，对于儿童在活动中收获了什么以及如何发展的重视不够，影响了儿童科学启蒙教育活动的研究和实践探索。因此，儿童科学启蒙教育活动的评价关注儿童在活动过程中亲自参与探究活动、进行人际交往，以及解决实际问题过程中所获得的感悟、体验、情感、态度和价值观，而不是被动地接受别人传授的知识。

2. 以尊重儿童的差异为准则

就儿童而言，每一个儿童都有自己的特点，儿童之间也有很大的个体差异，而且年龄越小，差异越大。他们发展的起点、发展的速度、学习方式、思维特点、优势领域和最终达到的水平都有很大的差异，这些能力在儿童科学启蒙教育活动中都有所体现，教师要做的是尊重儿童的这些差异，尽量避免与其他儿童作比较，更多地看到他们在原有水平上的发展和进步。

3. 遵从科学性、客观性原则

儿童科学启蒙教育活动评价中要严格贯彻正确的教育方针，全面推进素质教育，把具有创新精神和实践能力作为重点，评价要具有科学性、客观性。主要表现在：评价不能脱离客观实际，要基于各年龄段儿童的实际、学校实际及活动环境的客观状况来进行；评价的依据要科学客观，由于儿童科学启蒙教育活动的评价不可能有“标准答案”，评价就是从儿童参与活动的过程本身、活动中的态度、体验、活动报告或者作品与成果来进行的，因而，教师要公平地对待每个儿童，这样评价才具有应有的效力。

4. 以促进儿童的发展为目的

儿童科学启蒙教育活动评价的功能绝不是为了甄别和选拔，而是为了促进学生终身学习和发展。然而儿童的发展是一个不断进步而且速度很快的过程，它不会停止，也没有终结，因此要用发展的、动态的眼光评定儿童。儿童科学启蒙教育活动的评价正是以此为依据，重在发现和肯定儿童身上所蕴藏的潜能及所表现出来的闪光点，鼓励和维持儿童在活动过程中的好奇心和主动性，而不是直接评判学生能力的高低，甚至给儿童贴上“好、中、差”的标签。换言之，评价是了解儿童发展水平的手段，更是教师了解自己工作的效果、反思自己工作中的问题的一种参照标准。

（四）评价的基本功能

1. 导向功能

评价引导儿童科学启蒙教育活动的发展方向，是评价目标的导向。因此，评价时一定要体现客观性和方向性，通过评价指标、评价体系的引导，可以为活动策划者指明活动方向，为活动组织者指明发展目标。同时，通过活动反馈，可以使活动设计不断改进，促进活动组织的完善，最终实现活动的预期目标，对活动的开展起导向作用。

2. 激励功能

通过活动评价可以让活动设计者、组织者了解活动的优点和缺点，找到活动成功或失败的原因，从而激发儿童、教师和组织者继续改进工作、发扬优点、努力学习，提高工作的内在需要和动机，增进参与和实施儿童科学启蒙教育活动的热情和信心，最终调动广大儿童的积极性。

3. 鉴定功能

鉴定功能是活动评价最基本的功能。评价能够对儿童科学启蒙教育活动的结果进行价值判断，通过比较、区分评定等级。具体评价时，按照一个优秀的科学启蒙教育活动应有的基本标准，对活动目标的达成、过程和方法的应用进行鉴定，通过活动评价使策划组织者了解自己活动的现状与水平、优势与差距，从而不断提高科学水平，使研究者实现自我完善。

二、儿童科学启蒙教育活动评价的实施

对于儿童科学启蒙教育活动的评价，既要评价儿童所获得的发展，又要评价教师的教育组织策略。无论前者还是后者，第一要务都是要确立一定的衡量标准，有了明确的评价标准就能更好地对各类活动进行公正合理的评价，正确反映活动的优点与不足。

（一）评价的要素和指标

1. 活动过程中儿童发展的评价要素

（1）儿童参与活动的态度。对儿童参与活动的积极性、主动性和创造性的评价，包括是否有好奇心，是否提出活动设想、建议，是否认真完成科学教育活动内容等。

（2）儿童综合能力的发展情况。儿童提出问题的能力、语言表达能力、分析解决问题的能力、收集和整理资料的能力、实际操作能力等。可以通过活动中的实际表现给予客观全面的评价，也可以通过学生参与多次活动比较评价。

（3）儿童思维和意识的发展状况。直观动作思维、具体形象思维、抽象逻辑思维、安全意识、环境保护意识、社会责任感、人与环境相统一的意识。

（4）儿童在活动中的合作精神。主要是指儿童在活动过程中参与小组合作的态度、行为和方式，如是否乐于帮助同学、主动与其他同学配合、善于与人交流合作等。

（5）儿童的探究精神和创新精神。主要是指儿童在活动过程中表现出的处理问题的态度，是否具有刻苦钻研的精神、追求真理的执着、独立思考的能力；是否有质疑权威的勇气，是否敢于批评与自我批评。

2. 活动过程中教师组织策略的评价指标

（1）活动主题的选择和确定情况。活动主题是否符合儿童的兴趣和需要，能否有效激发或转化成儿童的兴趣，能否体现和实现具有发展性的教育目标。

（2）活动过程的具体行为方式。活动过程是否有效地引发了儿童的好奇心和疑问，是否有效充分地使儿童调动已有的经验进行猜想和预测，是否鼓励引导儿童反思并依据事实作出解释。

（3）儿童对活动方法的掌握情况。主要评价儿童在活动中是否能够运用适当的方法展开活动，包括提出问题、提出假设、设计实验、实施、分析数据、得出结论等一系列活动，当然还包括查阅资料、调查研究、表达与交流等方法的掌握和运用。

（4）活动的教育价值。主要评价活动的教育意义是否具有可持续性和多项性，是否注重长远教育目标和价值，是否注重促进每一个幼儿在原有基础上的发展。

（二）评价的方法

尽管目前尚未形成系统的儿童科学启蒙教育活动评价体系，然而随着科学教育活动的蓬勃发展，对儿童科学启蒙教育活动的评价在方式方法上取得了很大进展，主要的方法有实作评价、量表评价和档案袋评价。

1. 实作评价

实作评价是利用综合的实践作业去检测儿童内容知识（content knowledge）和程序知识（procedural knowledge）的掌握情况，以及运用这些知识解决实际问题的能力。简单地说，实作评价是对儿童完成某种任务或解决某个来源真实情境中问题的一种评价。与传统评价的主要区别是重视过程性评价，重视在活动过程中考查儿童解决问题的综合能力，如合作能力、信息搜集能力、反思能力和创造力，更容易获得儿童的认可。

实作评价重视过程性直接反映在实作评价表的设计上。在设计实作评价表时，不仅要涉及活动的整个过程，更要具体到每一个步骤；不仅要体现共性，更要关注儿童的个性；不仅要关注活动结果，更要关注活动过程。实作评价不同于过去单一化的评价方法，注重多方面、全方位的评价展示。在儿童科学启蒙教育活动中运用实作评价可以让教师了解儿童在活动中对科学活动或研究内容的了解程度、参与程度、能力提升程度、思维能力的发展，能够准确客观地反映参与活动的结果。在具体设计实作评价时要考虑此次评价的目的和评价的内容，如活动表现、行为、活动结果、评价标准几个层面，将评价等级分为达到、稍欠、需努力和改进意见四个方面。活动结束后实作评价的结果及时反馈给儿童，能够提高儿童参加儿童科学启蒙教育活动的热情，指引儿童科学启蒙教育活动的发展方向，帮助儿童科学地选择有意义的儿童科学启蒙教育活动，培养儿童在活动中提高语言表达能力、解决问题的能力、批判性思考的能力。

2. 量表评价

量表是指按照一定的标准或参照点，根据测量目的和测量规划进行评价的方法。儿童科学启蒙教育活动的量表评价是教师根据儿童在参与活动中的表现，利用之前设计的评价等级对参与者的情感、态度和价值观发展状态来进行评定的方法。当然，这种评价可以用文字进行描述，也可以采用数值、划分等级的方法。

3. 档案袋评价

20 世纪 80 年代中期，美国教育家在教育实践中总结出一种学业成就评价方式，即档案袋评价，又称文件夹评价，目前对其概念仍众说纷纭，没有一个准确的界定。儿童科学启蒙教育活动中的档案袋评价是指通过收集儿童在科学启蒙教育活动中的资料和作品，以儿童的实际表现作为参与科学启蒙教育活动质量依据的方式。由于在活动过程中，儿童的活动资料、展示作品会不断充实，这是对儿童表现进行的一种直观、动态的记录。

档案袋评价根据所收集的材料不同分为展示型档案袋评价和过程型档案袋评价。展示型档案袋评价主要收集一些个人所获荣誉的相关材料，如代表性作品、获奖证书等；过程型档案袋评价则较为全面，不仅包括个人的优秀作品，也包括最初的、不成熟的作品。无论哪种评价方式，在档案袋中还应包括对材料的说明，如选择该材料的原因，该材料的意义，过程中的体验、感悟等。通常来说，一个完整的档案袋应由封面、目录、材料内容、对材料的解释与反思四部分组成。通过档案袋可以直观地反映儿童在活动过程前后的变化与成长、情感的体验与转变，既可以作为儿童科学启蒙教育活动的活动成果，也可以作为家长了解孩子最直观、最有效的途径。

（三）评价的过程

儿童科学启蒙教育活动的评价要贯穿于整个活动过程，在具体操作时，可以重点从三个活动阶段入手，即开题评价、中期评价、结题评价。

开题评价是在活动开始之初进行的，可以保障活动过程沿着预期的方向发展。主要关注儿童发现问题、提出问题、解决问题的意识和能力，促使儿童以积极的态度进入解决问题的过程中。

中期评价主要是检查活动计划的实施情况，活动过程中遇到的问题、解决问题的策略，活动原始资料的积累情况等。对中期评价的及时反馈，可以帮助策划者弄清过程中出现的问题，以便及时扭转局面，使科学教育活动重新步入预计的轨道。

结题评价主要是对儿童参与活动全过程的情况、体验情况、活动结果、活动资料的整理情况、交流展示情况等进行评价。

第二章　学前教育与儿童发展

第一节　学前儿童发展概述

一、学前儿童发展的含义

人的发展是指个体从受精卵开始到出生、成熟、衰老乃至死亡的生命全程中身体和心理的成长变化。在人的生命过程中，每个时期的人都在经历着不同的变化和发展。

儿童的发展是指在儿童成长过程中身体（生理）和心理方面有规律地进行量变与质变的过程，即儿童的各个方面由不成熟到成熟、由低级到高级、由简单到复杂不断发展的过程。具体来说，生理的发展，是指儿童机体的正常生长和发育，包括形态的增长和功能的成熟。心理的发展，是指儿童的认识过程、情感、意志和个性等方面的发展。

对学前儿童来说，其生理发展和心理发展是密切联系的，儿童年龄越小，其生理发展和心理发展之间的相互影响也就越大。

二、学前儿童发展的内容

（一）儿童生理的发展

1. 儿童身高体重的生长

一般来说，初生婴儿的平均身高为 50 厘米，第一年会增加 24 厘米，此后每年增加 10 ～ 20 厘米；初生婴儿的平均体重为 3.2 千克，一年体重可增加至 3 倍，在前 5 个月中体重增加得最快，约为出生时的 2 倍，以后的生长速度会减慢。

2. 儿童骨骼与肌肉的生长

幼儿骨骼成分中，胶原纤维含量大于 1/3，成骨细胞制造骨质十分活跃，磷酸钙和碳酸钙的含量则小于 2/3（儿童的骨骼经过钙化变成成人的骨骼），所以和成人相比，幼儿的骨骼更加柔软且富有弹性，也就是说，幼儿的骨骼不易受折，但容易变形。6 岁以前，幼儿脊柱的颈前曲、腰后曲、胸前曲尚未固定，7 ～ 13 岁，这三个弯曲才完全固定，所以在幼儿期，尤其要注意幼儿正确坐姿、站姿的养成。幼儿骨骼中骨膜较厚，血管较多，骨骼血液供给丰富，所以幼儿骨骼受伤后的愈合速度比成人快。但幼儿骨关节囊浅，韧带固定的能力差，容易脱臼，所以学前儿童教育者在组织幼儿游戏和各种活动时应注意防止对幼儿身体的抻拉。

学龄前幼儿期，肌肉的发育还处于发育不平衡阶段，大肌肉群发育得早，小肌肉群发育还不完善，而且肌肉的力量差，特别容易受损伤。这个阶段肌肉发育的特点为：跑、跳已经很熟练，但是手的动作还很笨拙，还不能成功完成一些比较精细的动作。幼儿的肌肉纤维容易疲劳，上、下肢的大肌肉群发育早，小肌肉群发育晚。

3. 儿童牙齿的生长

儿童出现乳牙的时间有早有晚，有的在出生时就有牙齿，第一颗乳牙早的可在 4 个月左右出现，晚的在 10 个月左右才萌出。出牙有顺序，一般在 6 个月左右先出 2 颗“下门牙”，1 岁半时出 12 颗牙，到 2 岁半时乳牙出齐，共 20 颗。如果出牙很晚，到 1 岁半时还未出牙，或出牙顺序颠倒，这属于不正常的现象，可能与佝偻病或呆小病等疾病有关，应引起家长的注意。换牙的时间一般从 6 岁左右开始。先在乳齿的后边，上下左右长出 4 颗大牙叫第一磨牙，又叫六龄齿。同时乳牙开始顺序脱落，到 12 岁时脱落完，相继长出切牙、前磨牙、尖牙、第二磨牙（12 岁磨牙），共 28 颗，到 17 岁以后，第三磨牙（智齿）长出，32 颗牙齿出齐。

4. 儿童神经系统的发育

儿童神经系统的发育，重要的是脑的发育。新生儿脑重约 390 克，约占出生体重的 8%，3 岁儿童脑重约 1000 克（大约为出生时的 3 倍），6 岁儿童脑重约 1250 克，而成人的脑重约 1400 克。大脑皮层细胞的分化从胎儿第 5 个月开始，3 岁时大致分化完成，8 岁时基本与成人相似。婴儿出生后，大脑皮质的神经细胞数目不再增加，所以，脑重量的增加主要是神经细胞体积的增大、突触的数量和长度增加以及神经纤维的髓鞘逐渐形成，4 岁时，已完成神经纤维的髓鞘化。神经系统的发育和心理发育是相辅相成的。

5. 儿童感觉器官的发育

（1）视觉的发育。新生儿的眼睛对光反射敏感，出生时已有眨眼及瞳孔对光反应，眼外肌的协调调节差，3 ～ 4 个月时开始部分调节，12 个月时才完善。同时，出生时为远视，这种状态可以维持到 6 岁左右；另外，出生时视网膜的椎体细胞未发育，只有周围视觉，因此，对近距离的视觉不及远距离。儿童视觉发育的关键期是 0 ～ 3 岁，双眼视觉发育基本完善在 6 ～ 8 岁。

（2）听觉的发育。在妊娠后期，胎儿的听觉已相当灵敏，并可以与母亲互动，这已经被广泛证实。新生儿对刺激的声音反应敏感，刚出生的婴儿就可以分辨声音的高低，2 个月的宝宝可以分辨不同人的声音和同一人不同的语调，6 个月时可以做应答回应，8 个月时可以确定声音的来源，12 个月时可以控制对声音的反应，18 ～ 24 个月，可以区别不同音高的声音，具有更加精细的声音区别能力。儿童听觉发育的关键期是 2 岁以前。

（3）味觉和嗅觉的发育。从母亲怀孕后第 8 周孩子就有味蕾了，所以婴儿早在出生前就具有味觉了。孩子刚出生时，最发达的感觉就是味觉。

嗅觉发展得也很早，出生时嗅觉中枢已经发育成熟。孩子一出生就对妈妈的气味敏感，3 ～ 4 个月时，可以分辩愉快和不愉快的气味，4 ～ 5 个月的婴儿对事物的任何改变都会产生非常敏感的反应，7 ～ 8 个月开始分辨芳香的气味。

（4）皮肤感觉的发育。皮肤感觉包括痛觉、触觉、温度觉、深感觉。新生儿的痛感虽已存在，但并不敏感，尤其是在躯干、眼、腋下部位，疼痛刺激后会出现泛化的现象，尤其是在眼、前额、口周、手掌、足底等部位，而大腿、前臂、躯干等处则比较迟钝。相对而言，温度觉非常敏感，如能够区别牛奶和饮水温度过高和过低，对冷的刺激会比热的刺激更能产生明显反应。深感觉就是对远近、深浅的知觉，美国心理学家沃克和吉布森设计首创了视觉悬崖实验装置，用来观察婴儿深感觉。实验证明，出生 6 个月左右（甚至更早些）的婴儿，尽管母亲向他（她）招手呼唤，诱导其爬向母亲，但均被拒绝，这说明他们已经具有了深感觉的能力。

（5）动作及运动能力的发展。儿童动作的发展是其心理发展的源泉或前提，也是其心理发展的外部表现。动作发展可以促进其空间认知的发展、社会交往能力的发展等。

儿童动作发展的规律表现为：第一，整体动作向分化动作发展，早期抓握是整个手臂，然后是拇指，再到四指；第二，从不随意到随意，即从不能控制到能控制；第三，具有一定的方向性和顺序性。动作发展也遵循头尾原则、远近原则和大小原则。头尾原则，即最早是头部动作，其次是躯干动作，最后是脚的动作。近远原则，以上肢动作为例，上臂动作先成熟，其次是肘、手腕、手的动作，手指动作最晚。大小原则，即大肌肉动作先发展，然后是小肌肉动作的发展。

美国运动生理学家一般把儿童的运动能力发展分为四个阶段。

第一阶段：从出生到 2.5 岁。

在这一阶段，儿童的神经系统正在发育，一些基本的运动机能正在形成，如爬、走、抓、打、推、眨眼、摇头、说话、做出各种表情等。所有这些最基本的能力都将成为儿童今后智能、体能的发展基础。

第二阶段：从 2.5 岁到 5.5 岁，也叫“早儿童期”。

在这一阶段，正常的儿童应该具备一组最基础的运动机能，如跳、跑、踢、抛、接、滑动、转动等。这些看似很简单的动作，却是儿童今后运动能力和智力能否进一步正常发展的重要基础。

第三阶段：“晚儿童期”的过渡性机能运动期。

当孩子 6 岁时，一般来说，他们这些基础的运动机能应该让他们能够正常地进入第三个阶段，这个阶段也就是传统意义上的儿童体育运动阶段。儿童参加到各种儿童体育运动中去，如儿童足球、儿童篮球等。儿童的体育运动项目同成人的项目不同，其竞争性、激烈性都不是很强。但儿童运动项目却为儿童运动机能的全面发展提供了机会。比如，在足球运动中，儿童的跳、跑、踢、抛、接、滑动、转动等能力可以得到综合运用和发展，使手、眼、脑、四肢、肌肉、神经、心理得到平衡发展。

第四阶段：10 岁以后，儿童进入少年期，然后进入青年期。

这个阶段的正常发育水平应该是走向“特殊运动机能发育”的阶段，即培育特殊运动才能阶段。

（二）儿童心理的发展

个体的心理发展是指个体从出生到成人再到老年的心理的发生、发展和变化的过程。儿童的心理发展是指儿童的认识过程、情感、意志和个性等各方面的发展。

在一定社会教育条件下，一定年龄阶段的大多数儿童总是处于一定的发展水平上，表现基本相似的心理特点。

1. 认知能力的发展

婴儿期的思维是直觉行动的，他们的思维与直接感知和直接活动是分不开的，是在摆弄实物或玩具的活动过程中发展的。他们边活动边思维，不是想好再做，而是边想边做，在做的过程中想。因此，婴儿的活动停止或转移，思维活动也就停止或转移。一直到幼儿初期其思维都是直觉行动的，当幼儿动手摆弄实物或玩具时，才进行思维。3 岁儿童的思维离不开手的点数，是随着具体事物的实际操作展开的，这时幼儿在直觉行动思维的基础上，具体形象思维开始发展，能够依据对事物的具体形象的联想来进行思维活动。对 4 ～ 5 岁幼儿提问“3 加 4 等于几”，他们大多会说不知道，如果你问他们“3 块糖添上 4 块糖是几块糖”，他们通过具体形象性思维会很容易想出答案。逻辑思维是在具体形象性思维的基础上发展的，只有在积累了各种感性经验与表象的基础上，才能抽象概括出表象的本质属性。3 ～ 4 岁幼儿的思维是直觉行动思维；4 岁幼儿向具体形象思维过渡，但他们理解的是生活中熟悉的、和生活经验相联系的事情，时常依赖个别事物的具体形象，概括性很小；5 岁幼儿思维时，依赖的表象具有一定的概括性，主要概括事物的外部特征，掌握具体概念；6 岁左右的幼儿，抽象逻辑思维开始发展，能掌握较抽象、概括性较强的概念，如动物、蔬菜、交通工具等，开始理解事物发展的逻辑关系，此时的幼儿逐渐离开具体事物来回答“3 加 4 等于几”这类问题。

2. 社会性和情绪的发展

儿童社会性发展，即儿童的社会化，是指儿童从一个生物人，逐渐掌握社会的道德行为规范与社会行为技能，成长为一个社会人的过程。儿童一出生，就处于各种社会关系组成的环境中，在与其他人交往的过程中，儿童逐渐发展了他们的社会性。

儿童社会性发展的主要内容有亲子关系、同伴关系和社会性行为。应注意发展幼儿良好的亲子关系和同伴关系，培养其亲社会行为，控制其攻击性行为。

情绪情感是儿童心理发展的重要方面，对儿童心理、行为具有重大影响。儿童自出生起，便立即产生情绪表现，如新生儿或哭，或安静，或四肢划动等，这些都是儿童最初的情绪反应。人们普遍接受著名情绪心理学家伊扎德的情绪研究结果，伊扎德认为儿童初生时便有五种情绪反应，即吃惊、痛苦、厌恶、最初步的微笑和兴趣。儿童情绪在初生时原始情绪反应的基础上，在成熟和后天环境的作用下，不断分化并获得发展。诸多研究表明，儿童年龄越小，情绪情感在儿童心理和行为发展中的影响就越大。

儿童情绪的发展趋势主要有三个方面：社会化、丰富和深刻化、自我调节化。儿童最初出现的情绪反应是与生理需要相联系的。从情绪所指向的事物来看，其发展趋势越来越丰富和深刻；从情绪进程看，其发展趋势越来越受自我意识的支配。

3. 语言能力的发展

新生儿最初的语言是哭声。一个新生儿应能通过哭声，向成人表达其饥饿、排泄、疼痛或身体不舒服。大约从第 4 个月起，婴儿开始咿呀学语，把声母和韵母联结成一串音节，并且不管其父母说的是什么语言，他们说出的似乎都是一种“世界通用语”，即他们在称呼“爸爸”“妈妈”时的发音是十分相似的。到接近第 12 个月时，婴儿一般可理解性地使用“妈妈”——一个含义丰富的词。

1 ～ 1.5 岁属于单词句阶段，基本上是以词代句，一般能说几十个词。1.5 ～ 2 岁属于多词句阶段，能掌握 200 ～ 300 个词，一般称为电报式语言，例如，“苹果、买、帽帽”（意为戴上帽子去买苹果）。2 ～ 3 岁属于简单句阶段，一般能掌握 300 ～ 700 个词，能说出有简单主谓结构的句子，例如“我吃饭”。

3～6岁是口语迅速发展的时期，幼儿语言的发展将进入关键期，在这段时期，幼儿通过游戏、学习、劳动等活动，迅速发展其语言表达能力，逐渐掌握本族语言的全部语音，能与成人自由交谈，清楚地表达自己的想法。

总之，学前儿童的教育者只有在了解儿童身心发展特点和规律后，才能选择更正确的、科学的教育方法和途径，对儿童进行针对性教育，从而促进儿童身心健康发展。

三、学前儿童发展的特征

（一）学前儿童发展是有规律进行的

1. 个体发展从简单到复杂

无论是生理还是心理方面都遵循这个规律。

2. 个体发展都要经过由一般到特殊的过程

个体情绪的发展就是一个最好的例子，刚刚出生的婴儿处于一种混沌的兴奋状态，但随着个体的不断成熟，这种单一的兴奋逐渐地分化出多种情感，在此基础上与社会规范、要求相结合，又能分化出一些高级的情感，如道德感、责任感等。

3. 个体发展是由头到脚、由中间向四周进行的

大量的研究及事实表明，身体的上半部分比下半部分发育得早，内部器官比四肢发育得早。个体心理方面的发展也遵循着由中间到四周的发展规律，儿童往往从认识自己到认识周围的人，从认识自己身边的物体到认识学校与社会。

（二）学前儿童发展是一个系统的整体

为了便于分类和研究，一般会将学前儿童的发展初步分为生理发展、认知发展、情感和社会性发展三个领域。但这三个领域的发展并不是完全独立的，而是相互交叉、相互影响、相互制约的。例如，学前儿童某些运动能力的发展，如躯体动作（跑、跳、爬楼梯等）和精细动作（扣纽扣、穿衣服、系鞋带等）都有助于学前儿童了解外界的环境，增加学前儿童对外界世界的认识，从而提高其认知水平。当学前儿童的认知和行为能力增强时，就会通过游戏、语言等来促进情感和社会性领域的发展。因此，学前儿童的发展是个体在各个方面由低级水平向高级水平发展的过程，是一个系统的整体，不能将其发展的各个领域割裂开来看待。

（三）学前儿童发展是主动性与被动性的统一

学前儿童发展的主动性和被动性是学前儿童发展的基本问题之一，也是学前

儿童发展的内外因关系的问题。

主动性通常指学前儿童是自身发展的积极参与者。学前儿童从出生那天开始，就不断地在积极活动中发展自己。学前儿童面对更广的社会时，会受到更大的挑战，应付这些挑战需要积极、有目的的行为。新的需要和已有的水平之间的对立，构成了学前儿童心理发展的内部矛盾，这也是学前儿童心理发展的动力。被动性是指学前儿童的发展很大程度上受环境的影响。教育和环境不是机械地决定心理的发展，而是通过心理发展的内部矛盾起作用。这个内部矛盾是主体在实践中，通过主客体的交互作用而形成的矛盾。当前，学术界达成了基本共识，即心理发展的动力有二：遗传因素和环境因素。

学前儿童心理的发展既不是完全被动的，也不是完全主动的，它有内部的心理发展要求以及突破自己原有状态的更新，同时外界环境也会提供给它新的任务和需要。因此，学前儿童心理发展既是一个内部主动追求进步的过程，也是一个适应外部环境需求的过程。

（四）学前儿童发展是连续性与阶段性的统一

所谓连续性是指学前儿童发展是一小步、一小步地渐进式进行的，发展只是量的改变而没有质的变化。连续论者认为学前儿童的发展主要表现在个体整个心理的发展，这是一个持续不断的变化过程，可以用一条平滑的成长曲线来反映发展所发生的变化。例如，学前儿童口语能力的发展，学前儿童对新词汇的习得和词汇量的扩大、对语法规则的掌握等都是渐进式的。非连续论者认为学前儿童的发展是呈阶段式变化的，是由一些突变组成，每一次突变后，学前儿童将进入一个更高的水平。例如，学前儿童动作的发展，从八九个月开始学习爬行到一岁左右开始学习走路，从开始的费力、动作缓慢到后来的熟练、独立行走，这些技能的进步可以被理解为动作发展的两个不同阶段，中间发生了质的变化，后一个阶段是全新的更高级的行为模式。我们应该以发展的连续性和阶段性相统一的观点来理解学前儿童的发展。必须承认，学前儿童的发展可以区分为不同的阶段，每个阶段的特点具有质的不同。

（五）学前儿童发展具有个别差异

学前儿童发展的个别差异是指学前儿童发展在具有整体共同特征的前提下，将个体与整体相比较，每一个学前儿童的身心发展，在表现形式、内容和水平方面，都有其独特之处。学前儿童发展的个别差异主要包括智力、性格、性别、认知方式等，对个别差异的研究旨在提高学前儿童学习的动机水平，最大限度地激发学前儿童已有的能力，促进学前儿童的学习。

（六）学前儿童发展具有“关键期”

这个问题最初是从动物心理实验研究得出来的。在动物早期发展过程中，某一反应或某一组反应在某一特定时期或阶段中最易获得、最易形成，如果错过这个时期或阶段，就不容易遇到这样好的时机。这个关键的时机也就是所谓的“关键期”。这种现象最初是由奥地利的劳伦兹发现的。这种无须强化的在一定时期容易形成的反应叫作“印刻”，印刻发生的时期叫作关键期。这一时期之所以重要，是因为它能够对个体产生作用的时间相当短暂，由于这种作用的效果不会被以后的经验所改变，因此它是不可逆的。

人们可以从日常中发现，不同时期学前儿童发展的状况是不一样的。应当承认，学前儿童心理的某些机能的培养是具有较佳时间的。但这个问题还处于探索阶段，对此，应当采取审慎的态度。要对这个问题进行具体而深入的研究；根据已有的知识，也不能认为学前儿童过了某种年龄就不能有效地进行某种学习；抓住关键期及时地进行早期教育仍要考虑内因和外因相互作用的规律，绝不能孤立或过分地夸大这个现象。

第二节　学前儿童的身心发展规律

儿童的发展包括生理发展和心理发展两方面，即其生理成熟与其个性心理品质的形成与变化的复杂过程。在这里，生理成熟是指儿童个体作为一个生物体，其生理结构和生理机能的发展是一种纯粹的生物性演变过程。而个性心理品质的形成和演化过程，却是一个以个体的生理成熟为基础，并与其生理机能的发展混为一体、互为表里的过程。儿童身心发展表现出特有的规律性，这种规律性就是在儿童年龄增长、身体和心理变化中普遍存在的特点。

一、顺序性

在儿童的发展过程中，无论是身体的发展还是心理的发展，都表现出一种稳定的顺序。例如，儿童身体发展方面，就整体结构的发展而言，其顺序是头部首先得到发展，而后是躯干和四肢的发展，这也是孩子越小，其头部在身高中比例越大的原因。在骨骼与肌肉的协调发展中，首先得到发展的是大骨骼与大肌肉，而后才是小骨骼与小肌肉群的发展与协调。所以，儿童行动能力的发展中，依照着翻身、坐、站、走和跑，然后才有可能做出写字、绘画等精细动作这样一种不变的顺序。儿童的认知和思维能力的发展遵循先具体后抽象的顺序。在儿童身心发展过程中，所表现出的这种顺序是固定不变的。先前的发展变化是其顺序序列中紧随其后的发展和变化的基础，儿童发展的顺序性这一特点，使儿童身心发展成为一个连续的、不可逆转的过程。

二、不平衡性

不平衡性是指在连续不断的发展过程中，儿童身心发展的速度并不是完全与时间一致的匀速运动，在不同的年龄段，其发展的速度和水平是有明显差异的。一般认为，新生儿（出生第一年）与青春期（13 ～ 16 岁）是儿童身心发展的两个高速发展期。不平衡性通常体现在儿童发展过程中身体和心理发展并不完全协调、统一的现象。就儿童发展的整体而言，生理成熟是先于心理成熟的。十几岁的孩子从其身体发育来看，已经接近成人的水平，而其心理的成熟程度，却比成人低得多。就某个具体方面而言，也有可能表现出心理能力不受生理成熟条件控制的情况。例如，3 ～ 5 岁儿童的语言掌握能力和记忆能力往往优于成年人。

三、阶段性

儿童发展的阶段性是指在儿童发展的连续过程中，在不同年龄阶段会表现出某些稳定的、共同的典型特点。这些特点无论从表现方式、发展速度，还是发展的结构方面，与其他阶段相比较，都具有相当不同的特征。这种情况又被称为儿童发展的年龄特征。例如，在学龄前的幼儿阶段，儿童认识事物能力的主要特点是，易于形成与实物相对应的、单个的概念，而到了儿童时期，儿童的认识能力，已发展到可以了解和掌握事物间联系的程度，但是这种联系的建立，在一定程度上还要依赖于具体事物的帮助。只有到了青年时期，人的认识能力才开始以抽象概念为基础，逻辑思维才成为人的认识能力的根本性特点。

四、个体差异性

尽管儿童的发展都要按照基本的方向、顺序进行，都会经历共同的轨迹，但事实上，每个儿童的发展速度、发展的优势领域、最终达到的发展水平可能是不同的。例如，同年龄的儿童在身高方面有明显的高矮之分。同年龄的儿童也会由于他们各自神经过程灵活性的差别，在学习中表现出注意力的持久性、知觉的广度方面的差异。这就是儿童发展的个体差异性。

发展的个体差异性，是指在儿童发展具有整体共同特征的前提下，个体与整体相比较，每个儿童的身心发展，在表现形式、内容和水平方面，都可能有其独特之处，这种表现在个体发展方面的差异性，源于个体遗传素质和生活环境的差别。具体来说，影响儿童个体发展产生差异性的主要因素有生物因素和环境因素，其中环境因素又包括家庭、学校和社会等多方面因素。我们应该客观地正视儿童之间的差异，积极寻找其产生的原因，善于用科学、正确的理念去培养儿童。

儿童发展过程中表现出的个别差异性，虽然在一定程度上受到生物因素的影响，但更多的还是源于环境和教育的差别，而且环境和教育的影响还能对遗传素质的优势与不足起到一定的发挥与弥补作用。俗话说“勤能补拙”，就是对二者关系的一种经验总结，这一规律也是实行因材施教教育原则的基础。

五、分化与互补的协调性

儿童的各种生理和心理能力的发展、成熟，虽然依赖于明确分化的生理机能的作用，但在总体发展水平方面又表现出一定的机能互补性特点，以协调人的各种能力，使其尽可能地适应自己的生活环境。这种协调性是具有生理缺陷的儿童发展的重要保障，使这些儿童不至于因某种生理机能的缺陷而严重地阻碍其整体发展水平的实现。这一规律，也是对残疾儿童进行教育的重要依据。例如，对于听力障碍的儿童，可以通过发展其对人讲话时口型变化的精细感知能力，来与对方沟通。而听力正常的人的这种潜在能力往往更容易被实现交流的其他方式所抑制。

以上五种规律性的特点，从总体上概括了儿童身心发展过程中的本质性表现。

从总体上把握儿童身心发展的规律，我们还可以发现这些规律所反映出的一些更为深刻的内容，即儿童的生理成熟先于其心理成熟；每一年龄段儿童发展水平、特点的充分实现，将有助于其后的发展，否则，下一阶段的发展将会受到一定阻碍；儿童的身心发展，归根结底是儿童个体的发展，尊重和顺应儿童个体发展的差异性，才能更好地促进儿童整体发展水平。

第三节　影响学前儿童身心发展的因素及其表现

儿童的发展受到诸多因素的影响，有先天和后天的因素，有生物和社会的因素，有生理和心理的因素，有物质和精神的因素，这些都会对儿童的发展产生不同的作用。

一、影响学前儿童身心发展的因素

（一）生物因素

儿童首先是有生命的有机体，其发展首先要遵循生物学的规律，影响学前儿童身心发展的生物因素包括遗传素质、先天因素和制约发展的成熟机制。

1. 遗传素质为儿童的发展提供了物质前提

遗传素质是指人从上代继承下来的生理方面的生物特点，如机体的形态、结构、感官特征和神经系统的结构和机能等特点，特别是人的大脑结构和机能的特点。遗传素质是儿童身心发展的物质前提条件。人在感知以前，必须有各种感知器官，人们为了思维，必须有特殊组织的物质——脑的存在，不然，人就无从感知，无从思维。也就是说，遗传为儿童的发展提供了可能性。遗传素质是儿童身心发展的物质前提条件，没有这个前提条件就谈不上儿童的发展，但遗传素质只为人的发展提供物质前提和可能性，不能夸大遗传素质的作用，那种夸大遗传素质作用的“遗传决定论”是片面的。

2. 胎内环境等先天因素对儿童发展的影响

20 世纪 50 年代以来，对胎儿发育的研究科学地说明母亲的营养、疾病、药物、情绪对胎儿发育有重大影响。已有研究表明，母亲的营养会影响胎儿出生以后的营养情况，甚至会影响胎儿出生后的智力发展。如果孕妇患有某些严重疾病，常常会引起流产、早产或死胎，可导致胎儿患病或先天缺陷。目前已知有 2% ～ 3% 的先天性畸形是由药物引起的，容易引起畸形的药物包括酒精、某些抗生素、抗凝血剂、抗癌药物、镇静剂等。根据多年来的大量临床调查发现，妊娠后 7 ～ 10 周内，若孕妇情绪过度不安，可导致胎儿口唇畸变，出现腭裂或豁唇，因为胎儿腭部的发育恰好在这个时期。在妊娠后期，孕妇精神状态的突然改变，如恐惧、惊吓、忧伤、严重的刺激或其他原因引起的神经过度紧张，会使大脑和下丘脑受影响进而引起体内肾上腺髓质激素分泌量增多，引起孕妇血管收缩性增强，导致胎盘供血不足，更进一步使胎儿血液循环受阻，严重时可导致流产或早产，孩子出生后也可能因为在大脑发育过程中缺血缺氧而影响智力。总之，母体环境对发育中的胎儿有很大影响。

3. 成熟机制在儿童发展中的制约作用

教育要尊重孩子的实际水平，在孩子成熟之前，要耐心地等待，不要违背孩子发展的自然规律，不要违背孩子发展的内在“时间表”，不要人为地加速孩子的发展，否则将欲速而不达，甚至产生意想不到的后果。

美国心理学家格塞尔曾经做过一个著名的实验：他让一对同卵双胞胎练习爬楼梯，其中一个为实验对象（代号为 T），在他出生后的第 46 周开始练习，每天练习 10 分钟，另外一个（代号为 C）在他出生后的第 53 周开始接受同样的训练。两个孩子都练习到他们满 54 周的时候，T 总共练了 8 周，C 只练了 2 周。这两个孩子哪个爬楼梯的水平高一些呢？大多数人肯定认为应该是练了 8 周的 T 比只练了 2 周的 C 好。但是，实验结果却出人意料——只练了 2 周的 C 爬楼梯的水平比练了 8 周的 T 还好——C 在 10 秒钟内能爬上特制的五层楼梯的最高层，而 T 则需要 20 秒钟才能完成同样的任务。

这很好地说明了儿童在成熟之前处于学习的准备状态。各种学习、训练内容，都是在儿童达到一定的成熟水平时开展的，对学前儿童的教育要遵循儿童成熟规律。

（二）环境因素

环境是指儿童周围的客观世界，它包括自然环境和社会环境。环境引导和潜移默化地影响儿童的发展。

一切生物的生长发育都离不开适宜的自然环境，但对人的身心发展来说，不仅需要自然环境，更需要社会环境，如果人类离开了社会环境，就不可能产生人类的心理。在这里，笔者重点讨论社会环境对学前儿童发展的影响。

广义的社会环境包括儿童所处的社会、家庭、教育机构的教育等各种环境因素，这些因素引导和潜移默化地影响着儿童的发展。人自出生起就在一定的社会环境中生活，社会环境的范围很广，从大的方面看，包括所处的时代、相关的政治、经济、文化和社会物质生活条件；从小的方面看，包括对儿童有直接影响的家庭及其成员、亲友、邻里、教育机构、同伴等。这些社会环境都直接或间接地影响着儿童的发展。儿童的先天素质能否得到发展、向什么方向发展、达到怎样的程度都受到他所处的社会环境的深刻影响。环境的影响复杂多样，按照是否特意影响人的身心发展，可将环境划分为非特意组织起来的自发影响人的身心发展的环境和特意组织起来的自觉影响人的身心发展的环境。自发影响人的身心发展的环境是指那些无特定目的、未经组织的环境，它可能对人产生积极或消极的影响。如果完全依赖自发影响人的身心发展的环境，将导致儿童放任自流地发展。自觉影响人的身心发展的环境是指有特定目的的、经过组织的环境，如家庭有意识的教育和教育机构的教育，都对儿童发展起主导作用。接下来笔者重点讨论家庭环境和教育机构的教育对学前儿童发展的影响。

1. 家庭环境为儿童发展奠定基础

家庭是儿童成长的最初环境，父母是儿童的第一任教师。家庭环境是指家庭的经济和物质生活条件、社会地位、家庭成员之间的关系及家庭成员的语言、行为及情感的总和。它对学前儿童的影响主要包括物质环境、心理环境和教养方式。物质环境是指家庭中生活、学习物品是否充足等；心理环境是指父母与子女之间的态度及情感交流的状态，家庭中人与人是否和睦、尊老爱幼、各尽其责、商量谅解，语言是否文明有礼等；教养方式是指对儿童的教养是否民主平等、尊重儿童个性、鼓励自主独立等。家庭教养方式主要包括专制型、溺爱型、放任型和民主型等基本类型，不同的家庭教养方式对儿童的发展会产生不同影响。

2. 教育机构的教育在儿童发展中起主导作用

从严格意义上来讲，教育也属于社会环境的范畴，但它又是一种特殊的社会环境，是环境中的自觉因素。特别是学校教育，它与遗传、家庭相比较，对儿童身心发展起着更为独特的作用。它是根据一定的社会要求，用一定的内容和方法，对儿童实施有目的、有计划、有系统的引导和影响的活动。学校教育具有明确的目的性和方向性、较强的计划性和系统性、高度的组织性。教育可以控制和利用各种环境因素对人的自发影响；可以充分发挥个体的遗传优势，使儿童优良的遗传素质得到充分显现，使遗传所提供的某种可能性变为现实，并可影响和改造不良的遗传素质，弥补其缺陷。反之，则导致儿童优良的遗传素质得不到发展。例如《伤仲永》中的仲永，虽然他的遗传素质优秀，天资聪颖，从小就会作诗，但由于缺乏后天的教育，长大后泯然众人。

（三）儿童自身的能动性

儿童的发展除受生物、环境和教育的影响外，还取决于自身的能动性。这是决定儿童发展方向与发展水平的又一个不可忽视的因素。

主观能动性又称自觉能动性、意识的能动性，是指认识世界和改造世界中有目的、有计划、积极主动的有意识的活动能力。儿童的主观能动性主要体现在以下三个方面：

（1）儿童在发展过程中，可以积极主动地接受影响。

（2）同样的环境对不同的儿童可以产生不同的影响。

（3）没有儿童自身能动性的体现，其他因素难以完全得到实现。

总之，儿童并不是被动地接受成人的教育，而是主动地、有选择地接受成人的教育。他从自己的已有经验和心理水平出发，考虑成人提出的要求，符合自己需要的就接受，不符合自己需要的就拒绝。根据这一心理发展规律，一切教育要求都必须符合儿童的发展水平。如果家长弃孩子所好，求孩子所恶，结果是欲求而不得，反而伤害了孩子学习的积极性和主动性。正确的做法应当是因材施教，因势利导，循循善诱，对症下药，这样才能获得最佳的教育效果。

二、几种教育和发展理论

（一）遗传决定论

遗传决定论认为，人的认知发展由先天的遗传基因所决定，人的发展过程只是这些内在的遗传因素自我展开的过程，环境的作用仅在于引发、促进或延缓这种过程的实现。

遗传决定论的创始人高尔顿认为：“一个人的能力是由遗传得来的，它受遗传决定的程度，正如一切有机体的形态及躯体组织受遗传决定一样。”1969 年，詹森总结了自己在 8 个国家的 100 多种研究，提出一个人的智商有 80% 来自遗传。英国心理学家艾森克认为 60% ～ 70% 的天才是由遗传决定的，30% 由环境决定。此种观点忽视了环境有促使遗传这种可能性转变的客观事实的作用。此外，还有不少心理学家是遗传决定论者，如霍尔主张“复演说”；德国的心理学家比勒认为，儿童心理的发展过程是儿童内部素质向着自己的目的有节奏运动的过程，外界环境在这里只起促进或延缓这个过程的作用，而不能改变这个过程。

遗传决定论过分强调先天的遗传因素在儿童认知发展中的作用，而忽视环境和教育对儿童认知发展的重要作用。

（二）环境决定论

环境决定论否定了人的生物遗传素质在儿童发展中起决定性作用，肯定了后天的生活经历和环境影响在儿童成长过程中的决定性作用，因此环境决定论又被称为养育论。

环境决定论的代表人物是英国教育家洛克和美国心理学家华生。

洛克认为人类所有的思想和观念都来自或反映了人类的感官经验。他抛弃了笛卡尔等人的“天赋观念说”，提出了著名的“白板说”，认为人的心灵开始时就像一张白纸，而向它提供精神内容的是经验。他认为观念分为两种：感觉的观念和反省的观念。感觉来源于感官感受外部世界，而反省则来自心灵观察本身。洛克强调这两种观念是知识的唯一来源。

华生是行为主义的代表，华生的名言——“给我一打健康的婴儿，我可以用特殊的方法任意加以改变，或者使他们成为医生、律师、艺术家，或者使他们成为乞丐、强盗”就是对环境决定论最形象的阐释。在华生的观点中，儿童发展取决于生活的环境，而这个环境就像一个模具，有统一的共性。

（三）二因素论

二因素论的主要观点认为：遗传因素和环境因素共同决定心理的发展，二者是相互孤立存在的因素，各因素在心理发展中发挥作用的程度不同。

二因素论的代表人物有德国的斯特恩，他在《早期儿童心理学》一书中提出“合并原则”。他说：“心理的发展并非单纯的天赋本能的逐渐显现，也非单纯地对外界影响的接受或反映，实为内在的品质及外在的环境合并发展的结果。”美国的吴伟士提出“相乘说”，认为人的心理发展等于遗传和环境的乘积。他说：“遗传和环境的关系，不似相加的关系，而较似相乘的关系。个人的发展依赖于他的遗传与环境两方面，就像矩形的面积依赖于高也依赖于长一样。”

（四）相互作用论

随着社会的不断发展和进步，人们开始认识到遗传与环境对个体发展都起作用，极端地强调其中任何一个因素都是不恰当的。目前的研究已经抛开了先天与后天的争论，开始把重点放在遗传与环境如何相互作用上。

相互作用论的代表人物是瑞士心理学家皮亚杰，他假设人天生具有一些基本的心理图式，在个体与环境作用时，利用“同化”和“顺应”的机制，不断改变和发展原有的心理图式，最后达到较高层次的结构化，使儿童对环境的适应能力越来越强。

相互作用论的主要观点有以下两点：①遗传因素与环境因素是相互制约、相互依存的，一个因素作用的大小、性质依赖于另一个因素；②遗传与环境的作用是相互渗透、相互转化的，遗传有时可以影响或改变环境，而环境也可以影响或改变遗传。

第四节　学前儿童身心健康与学前儿童发展

《纲要》明确指出：“幼儿园必须把保护幼儿的生命和促进幼儿的健康放在工作的首位。树立正确的健康观念，在重视幼儿身体健康的同时，要高度重视幼儿的心理健康。”可见，学前儿童身心健康对儿童发展具有重要意义。

一、学前儿童身体健康与学前儿童发展

学前儿童身体健康指的是其身体各个器官组织的构造正常，各个生理系统能良好地发挥作用，有效地抵御各种疾病；同时，这种组织结构的正常要与不同时期儿童的身高、体重的增加速度成正比，虽然不同时期儿童的发展水平不同，但总体发展水平必须保持在正常范围内。

（一）学前儿童身体健康的标志

1. 遗传正常

遗传正常主要是指没有遗传缺陷。

2. 机体发育正常

机体发育正常主要是指儿童的身体发育符合规律，如形态（身高、体重、体形等）发育、动作（走、跑、跳等）发育等都符合年龄标准。

3. 生理功能正常

生理功能正常，即机体各器官组织的功能正常，如血压、脉搏、呼吸、心

率、消化、吸收、排泄、肌肉活动能力等都在正常范围内。

4. 饮食正常

饮食正常是指食欲旺盛，不挑食、偏食。

5. 适应力强

适应力强是指机体对各种环境变化有较强的适应能力，对疾病的抵抗力以及病、伤后的康复能力均较强，不易生病。

（二）学前儿童常见身体健康问题及解决策略

学前儿童常见的身体健康问题有儿童肥胖症、营养不良、口腔卫生问题、视力问题等。

1. 儿童肥胖症

儿童肥胖症是指儿童体内脂肪积聚过多，体重超过按身高计算的平均标准体重的 20%，或者达到按年龄计算的平均标准体重加上两个标准差以上。它是指一定程度的明显超重与脂肪层过厚，体内脂肪尤其是甘油三酯积聚过多而导致的一种状态。

随着社会环境的变化，人们的生活水平提高，学前儿童学习负担加重，学前儿童肥胖的发生率不断上升。儿童期的肥胖如果不进行有效的治疗及护理，其中 70% ～ 80% 的儿童长大后会有肥胖现象，且成年后易导致与肥胖有关的疾病，如高血压、糖尿病、动脉硬化等。多数儿童的肥胖与热量过剩及缺乏运动有关，应定期进行儿童肥胖的筛查，加强儿童营养指导，倡导积极的生活方式，鼓励儿童坚持体育锻炼，以预防肥胖的发生。如果有体重超过标准或有肥胖倾向，应提供饮食及运动等控制体重的方法。

2. 营养不良

目前我国儿童的营养不良主要是营养素缺乏而引起的营养不良，如维生素 D 缺乏引起的佝偻病，维生素 B_1、铁、叶酸缺乏引起的营养不良性贫血等。导致营养不良的主要原因是膳食结构不合理，偏食、挑食及摄入的零食过多。学前儿童教育者应教育儿童养成良好的进食习惯，纠正偏食、挑食的问题，及时调整营养结构，预防营养不良的发生。

3. 口腔卫生问题

儿童口腔卫生问题也是较为常见的儿童身体健康问题之一。由于不重视口腔卫生，加上生活水平的提高，儿童对含糖食物的摄入量增加，使其容易产生龋齿。我国儿童的乳牙龋齿发病率到 9 岁时高达 87%，而恒牙龋齿在儿童 6 岁时可达 22%，以后逐年增加。因此，学前儿童教育者应教育儿童养成良好的口腔卫生习惯，坚持饭后睡前刷牙，注意合理均衡的营养，不挑食不偏食，保证牙齿发育的营养素能满足需要。学前教育机构还应对儿童家长进行有关儿童口腔卫生的健康教育宣传，使儿童定期接受牙齿检查，及时发现及治疗龋齿，保证儿童牙齿的正常发育。

4. 视力问题

近视、弱视是儿童常见的视力问题。随着儿童学习压力不断增加，读书时间延长，加上电视、游戏机等的广泛普及，使儿童的视力问题发生率逐年增加。预防儿童视力问题的发生也是教育机构及家庭的一项重要任务，要加强保护儿童视力的宣传教育，定期对儿童进行视力检查，发现问题及时治疗。避免眼睛疲劳，注意营养及用眼卫生，经常做眼保健操等，能有效降低学前儿童视力问题的发生率。

总之，拥有健康的身体是学前儿童得以发展的重要前提。

二、学前儿童心理健康与学前儿童发展

学前儿童心理健康是指儿童心理发展健全，对于外界的各种变化，从情绪到内心均能适应并作出调整，即性格开朗，情绪乐观，无心理障碍，对环境有较快的适应能力。

（一）学前儿童心理健康的标志

1. 智力发展正常

智力是人们认识客观事物并运用知识解决实际问题的能力，包括观察力、注意力、记忆力、思维力和想象力等，其中以思维力为核心。

智力正常的学前儿童在认知方面的表现为：想象力丰富、好奇心强、求知欲旺盛、动手能力和动作协调能力较强。智力落后的儿童较难适应社会生活，很难完成学习或工作任务。

儿童智力发展是否正常，可以通过智力测验来测定。一般地讲，智商在 130 以上，为超常；智商在 90 以上，为正常；智商在 70 ～ 89，为亚正常；智商在 70 以下，为智力落后。如果某个儿童的智力明显低于同龄儿童的平均发展水平，那么该儿童智力发展就可能是不正常的，其心理也就可能是不健康的。

智力正常或超常只能作为心理健康的标志之一，而不是唯一的标志。婴幼儿正处于智力迅速发展的时期，为幼儿做智力测验，要考虑智力的年龄标准和发展效应，防止滥贴标签的现象。

2. 情绪稳定愉快

情绪是一个人对客观事物是否符合自己的需要而产生的内心体验，它既是一种心理过程，又是心理活动赖以进行的背景。良好的情绪反映了中枢神经系统功能活动的协调性，表示人的身心处于积极的平衡状态。

在情绪方面，学前儿童心理健康的表现为：情绪安定、积极向上、具有对他

人的爱和同情心、愉快乐观、没有不必要的紧张感和不安全感。对待环境中的各种刺激能表现出与其年龄相符的适度反应，逐渐学会调节和控制情绪。当心里有了委屈、痛苦、挫折时，能合理地宣泄不良的情绪。如果情绪易变，反复无常，情绪的表现与内心体验不一致或与外部环境不协调，都是不健康的心理状态。

3. 人际关系和谐

个体的心理健康状态是从与他人的交往中表现出来的。人际关系是指在沟通的基础上形成的人与人之间的心理上的关系。我国心理学家丁瓒认为："人类的心理适应，最主要的就是对于人际关系的适应，所以人类的心理病态主要是由人际关系的失调而来。"儿童与他人的人际关系失调常常导致儿童产生各类问题。和谐的人际关系既是心理健康不可缺少的条件，也是实现心理健康的重要途径。

4. 性格乐观开朗

性格是个性的最核心、最本质的表现，它反映在对客观现实的稳定态度和习惯化了的行为方式中。性格良好反映了人格的健全与统一。

学前儿童的性格是儿童在与周围环境的相互作用中逐渐形成的，儿童的性格一经形成，就呈现出相对稳定性。

心理健康的儿童，一般具有活泼开朗、乐观自信、积极主动、独立性较强、谦虚、诚实、勇敢、热情、慷慨等性格特征。对自己、对别人、对现实环境的态度和行为方式比较符合社会规范。相反，心理不健康的儿童与别人和现实环境经常处于不协调的状态，表现出冷漠、自卑、孤僻、胆怯、执拗、依赖、吝啬和攻击性等不良的性格特征。

（二）学前儿童常见心理问题及解决策略

一般来说，儿童的心理问题主要包括：精神发育迟滞、学习困难、广泛性发育障碍、注意缺陷多动障碍、儿童言语及语言发育障碍、抽动症、儿童感觉统合能力失调等几大类。

具体来看，儿童心理问题的表现多种多样，常见心理问题有：

1. 精神发育迟滞

精神发育迟滞是指个体在发育阶段（通常指 18 岁以前）因先天或后天的种种不利因素（含生物学因素、社会或心理因素、物理或化学因素等方面），导致精神发育停滞或受阻，临床上表现为认知、语言、情感意志和社会化等方面的缺陷、不足，在成熟和功能水平上显著落后于同龄儿童。过去几十年通常称为大脑发育不全、智力低下、精神幼稚症和精神发育不全等。

精神发育迟滞的患儿处于一种长期相对稳定的临床状态，其智力发育的不完善或受阻几乎伴随终生。可对此类患儿从社会交往技能、言语交往能力、生活自理能力、独立生活能力等多个社会适应功能方面进行评估。教育训练及护理对精神发育迟滞的患儿来说具有很大的实际意义，这项工作不仅涉及家庭和医疗部门，还涉及教育及社会福利部门，是一个社会性问题。因此，应设立专门机构和学校，在专业人员指导下，对患儿进行专门训练和教育。

对于精神发育迟滞的患儿来说，家长的作用尤为重要，我们要帮助家长了解一些正常儿童的心理发展规律，对儿童的动作、行为、语言进行早期观察，帮助家长判断自己的孩子是否与同龄儿童有比较大的差异。如果发现较同龄儿童发展落后，则需做智力测验，了解孩子在哪方面落后，及早进行训练，包括动作训练（如翻身、爬、坐立、走）、发音训练、认知活动训练等。需要帮助患儿认识周围发生的事，提高认识世界的积极性，还要多问一些“为什么”“这是什么”以激发他们思考，久而久之，就会提高他们的认识水平。同时需要教育家长，开展早期教育要从符合孩子智力水平的基础开始，不要求高、求快，不要用对正常儿童的期望来要求智力落后的孩子，无论患儿精神发育迟滞的程度如何，都应当让他们有机会与正常儿童在一起活动，在共同的游戏活动中进行模仿和学习，这对患儿是极有帮助的。

2. 儿童孤独症

儿童孤独症是广泛性发育障碍的一种亚型，以男性多见，起病于婴幼儿期，主要表现为不同程度的言语发育障碍、人际交往障碍、兴趣狭窄和行为方式刻板。约有 3/4 的患者伴有明显的精神发育迟滞，部分患儿在一般性智力落后的背景下，某方面具有较好的能力。

对疑有孤独症倾向的儿童，家长应尽早带去医院就诊，由专科医生确诊，早诊断、早治疗是治疗成功的关键。由于孤独症儿童的年龄、临床表现、功能损害各不相同，治疗需要因人而异。目前孤独症的干预方法很多，其中，教育和训练是最有效、最主要的治疗方法。目标是促进患者语言发育，提高社会交往能力，掌握基本生活技能和学习技能。孤独症患者在学龄前一般因不能适应普通幼儿园生活，而在家庭、特殊教育学校、医疗机构中接受教育和训练。学龄期以后患者的语言能力和社交能力会有所提高，部分患者可以到普通小学与同龄儿童一起接受教育，还有部分患者仍然需要留在特殊教育学校。

3. 幼儿攻击性行为

幼儿攻击性行为指的是，当幼儿需求得不到满足或者自己的权利受到损害时，幼儿表现对他人身体上的进攻、言语上的攻击或毁坏物品等侵犯性行为。主要表现为：打、踢、咬、大声叫嚷、骂人、暴力、抢走或毁坏别人的东西等。幼儿的攻击性行为存在明显的性别差异，通常男孩比女孩的攻击性行为多，这是生理因素造成的；由于受气质的影响，同性别的孩子也会有差异，那些身体强壮、精力旺盛、情绪控制力差的幼儿容易出现攻击性行为。攻击性行为会随着年龄的增长和认知的发展而逐步改善，但攻击性行为随年龄增长也表现出中等程度的稳定性，即童年时期被评为攻击性较高者，成年后的攻击性仍然较高。

教师或家长应帮助幼儿转移不良情绪，为幼儿提供宣泄情绪的机会，引导幼儿用积极的方式表达或发泄情绪，如提供足够的空间和材料让儿童尽情玩耍，多带幼儿进行游戏活动等。

4. 多动症

多动症是“多动综合征”的简称，是一种较为常见的儿童行为障碍，又称脑功能轻微失调或轻微脑功能障碍综合征或注意缺陷障碍，特发于儿童学前时期。这类患儿的智能正常或基本正常，但学习、行为及情绪方面有缺陷，表现为注意力不易集中，注意短暂，活动过多，情绪易冲动。

后天环境中，除予以药物治疗外，作为家长和教师，应努力创设温馨和谐的生活环境，使孩子在轻松愉快的环境中度过童年，切勿与其他孩子进行攀比。此外，家长应注意合理营养，使孩子养成良好的饮食习惯，不偏食、不挑食，还要保证充足的睡眠时间；进行适当的感觉统合训练对此也有一定的帮助。

5. 心因性口吃

口吃是指说话时以言语中断、重复、不流畅为主要症状的语言障碍，在儿童中比较常见，口吃多在幼儿期形成，也最容易在幼儿期纠正，如果在幼儿期得不到矫正，则可能影响其终生。

孩子产生口吃的原因有生理和心理两方面因素。生理原因可能有：遗传、发音器官障碍、神经系统发育问题等。心理因素大多来自幼儿内心的压力、焦虑、恐惧、需求注意、不当模仿等，又称心因性口吃。

对于生理原因引起的口吃，可以到医院求助医生。对于心因性口吃，不可一味批评孩子，也不可急于求成，要给孩子创设想说、敢说的语言环境，鼓励孩子勇敢表达，切忌模仿，甚至嘲讽孩子。

6. 分离焦虑

分离焦虑是指婴幼儿因与亲人分离而引起的焦虑不安或不愉快的情绪反应，又称离别焦虑。幼儿入园之初，面对的是陌生的面孔和新鲜的环境，这些都容易使幼儿感到不安，从而表现出离开家庭后的分离焦虑情绪。

为了尽快稳定新入园幼儿的情绪，帮助他们度过入园焦虑期，家园应相互配合。教师要多给予幼儿耐心和关心，取得幼儿对教师的信任；创设丰富的区角活动，吸引幼儿对幼儿园环境的兴趣；鼓励幼儿互相友好合作，共同游戏玩耍，建立良好的伙伴关系。家长也应主动配合幼儿园，改变幼儿家庭生活的随意性，培养幼儿良好的生活卫生习惯，提高幼儿的人际交往技能和生活自理能力等，缩小家园生活的差异，提高幼儿对集体生活的适应能力和自信，缓解幼儿的分离焦虑。

此外，分离焦虑不只是孩子的焦虑，还是孩子和家长共有的情绪。

幼儿教育的专业机构和教师要及时指导家长控制自身分离焦虑的情绪，相信幼儿园和教师，对自己孩子在园情况放心，使其能正视分离，并能遵守按时接孩子的约定。具体可以通过家长开放日活动和生活情况记录反馈及幼儿在园活动视频，让家长进一步掌握自己孩子的在园情况，从而减轻家长对幼儿入园的焦虑情绪。

第三章　学前儿童安全教育

第一节　学前儿童安全教育概述

一、学前儿童安全教育的意义和任务

（一）学前儿童安全教育的意义

儿童安全问题是社会各界所重点关注的儿童问题之一。作为联合国《儿童权利公约》的成员国，按公约规定，我国 18 岁以下的“任何人”都应列入儿童范围，而学龄前阶段的儿童，更是安全保护的对象。确立安全的意识，拥有安全的行为，切实保障每一个儿童的生命安全，不仅符合国际社会对儿童问题认识基本统一的发展趋势，也体现了中国重视儿童事业发展的原则和应尽的国际义务。

1. 安全与生命

人最宝贵的是生命，因为生命于每个人都只有一次。然而，在现实生活中，这一次的生命却与无数次的安全隐患联系在一起，若忽视了安全，则会导致生命的丧失。生命既坚强无比又脆弱得不堪一击。学前儿童的生命更显得弱小、稚嫩。儿童的弱小是因其处于生命历程的开端，与生存的环境之间的互动还只是刚刚开始，所以实际生活中的很多情景他们应对不了，很多事情他们承担不起，任何危及儿童个体的外来刺激都会关乎他们的生命安全。儿童的稚嫩是因其骨骼、肌肉、器官及各系统的发育尚未完成，日常生活中的疏忽大意、失误便会造成身体的伤害。

生活是生命的存在形式，而珍惜生命是一种责任。这种责任对于发展中的儿童来说，是由养育者承担的。对自己的生命负责，对他人的生命负责，是生命最朴素的愿望。

2. 安全与家庭

个体从呱呱坠地到成人，一生都是在家庭的伴随下成长、发展的。尽管在个体不同的发展阶段，家庭对个体发展的影响作用不同，但是个体始终不会，也不

可能脱离家庭的影响、家长的保护而独自成长和发展。

1989年，联合国大会在通过的《儿童权利公约》中指出："深信家庭作为社会的基本单元，作为家庭所有成员、特别是儿童的成长和幸福的自然环境，应获得必要的保护和协助，以充分负起它在社会上的责任。"1990年，世界儿童问题首脑会议在《儿童的生存、保护和发展世界宣言》中声明"家庭作为儿童成长和福利的基本群体和自然环境，应该给予所有必要的保护和资助"；《执行九十年代〈儿童生存、保护和发展世界宣言〉行动计划》提出"所有的社会机构应该尊重并支持父母和其他照看人员在家庭环境中养育和照顾孩子的努力"。

上述纲领性文件的表述，充分说明了儿童身体的生长、生命的保障、身心的安全与其所在的家庭是维系在一起的。家庭对于儿童的养育之重与儿童对于家庭的传承之重，两者都是不可或缺的。

3. 安全与社会

儿童是社会和谐的音符。和谐社会的构建关乎多个方面，如经济发展的平衡、人与自然的共存、城乡发展的协调、人与人之间的和睦相处等。在此过程中，生命的安全是社会运动的重要条件。

意外伤害的发生与社会的经济发展是同步的，意外伤害已成为严重威胁儿童健康的重要问题。然而，成长中的儿童既是社会当今关爱的对象，又是社会未来依靠的对象。所以，关注儿童的健康与安全，为儿童创造一个自由且和谐的生存空间，是树立和坚持科学发展观的要求。

2002年，联合国儿童问题特别大会通过了《适合儿童生长的世界》的决议，进一步明确了在保健、教育等领域保护儿童权益、改善儿童生存条件的原则和目标。决议重申："我们将齐心协力，建立一个适合儿童生长的世界，所有儿童，都能在一个安全、有利的环境中获得充足的机会发展个人的能力。我们将促进儿童的身体、心理、精神、社会、情感、智力和文化的发展，将其作为国家和全球的优先事项……使儿童在快乐、关爱和理解的气氛中成长发展。"关爱儿童，珍视生命，既是当务之急，又是千秋大业。

（二）学前儿童安全教育的任务

学前儿童安全教育的内容涉及面较广，凡是儿童所及之处皆有安全与否的问题，也就都有指向明确的内容要求。学前儿童安全教育的主要任务如下。

1. 帮助儿童树立有关安全的意识

学前儿童活泼好动，好奇心强，又不懂得该为和不该为的区别，容易发生各种意外伤害事故。所以，在对儿童进行安全教育的过程中，帮助他们建立起安全意识是十分必要的。教师应从儿童自我保护能力较弱的特点出发，有意识地通过看图画、读儿歌、讲故事、做小实验、互相讨论等形式，全面地进行安全教育，让儿童了解、适应周围的环境，使其懂得周围各类危险因素的危害。

2. 引导儿童学习必要的安全常识

教师可以结合儿童的生活实际，帮助他们了解一定的安全常识，包括：了解水、电、火、煤（天然）气、刀具、常用药品的使用等方面的安全知识和注意事项；获得应付意外事故，尤其是火灾、雷击等的常识，懂得及时避开危险场所；知道常见的各种标记或特殊的电话号码，遇到突发事件时会求助；丰富生活内容，学习在复杂的社会生活中保护自己。

3. 培养儿童良好的行为习惯

儿童期的神经细胞反应时间短，容易形成条件反射，即容易养成习惯。教师应利用这一特点，多进行正确行为的强化练习，持之以恒，帮助儿童养成良好的行为习惯，减少意外伤害事故的发生。同时，也要教育儿童学会分享、合作等良好的交往方式，避免儿童之间由于不合群、好攻击而造成的伤害事故。

4. 激发儿童参加体育活动的兴趣

儿童生长的局限性致使其身体肌肉的活动不力，肌肉组织内储氧量不够，肌肉弹性、张力也较缺乏。因此，儿童动作的平衡能力、灵活性都达不到自我保护的要求。为此，儿童学前教育者应注意激发儿童参加体育活动的兴趣，给儿童提供足够的时间和空间，合理地组织有一定强度和密度的体育活动，增强儿童体质，以提高儿童自我保护的能力。

二、学前儿童安全教育的途径与方法

学前儿童安全教育是健康教育的重要组成部分。只有充分利用各种有效的途径，采用多种方法，有目的、有计划地组织实施安全教育，才能将其落到实处。

（一）学前儿童安全教育的途径

学前儿童安全教育的实施有多种渠道和途径，涉及幼儿园的各种环境、各个层面及环节。

1. 课程与资源

随着课程改革的深化，课程模式的变革已经将教师与学前儿童都看作课程的主体和创造者。教师是课程的主要设计者，可以在执行课程实践中适时、适宜地将安全教育的内容有机地纳入其中；学前儿童则可以在学习、体验和完成课程内容的过程中，获取有关安全知识方面的教育。对于幼儿园来说，可以充分挖掘和利用各种有效的课程资源进行安全教育，不断丰富安全教育的内容，为安全教育的实施注入活力。

2. 游戏与生活

游戏的情景、生活的实景很容易为学前儿童所感知，学前儿童在玩的过程中、在真实的体验中可以学习有关安全的知识。以“消防安全教育”这一主题为例，教师通过组织学前儿童讨论关于消防安全的相关内容，如消防演习有哪些步骤？怎样逃离火灾现场？有哪些消防用品？等等，然后组织与消防灭火相关的游戏，让学前儿童亲身体验讨论过的内容，了解有关的安全知识。

3. 器具与玩法

有关统计表明，儿童受伤的种类一般有骨折、挫伤、擦伤、扭伤等，而事故高发地就是户外活动场地、游戏设施等处，如滑梯、秋千、攀登架等。儿童学前教育者应对这些事故高发场地及设施采取相应的对策，教会儿童正确的玩法，在恰当的时候给儿童以安全提醒，可以让儿童既能在充满“危险”的环境中得到锻炼，又能确保安全。

4. 教师与家长

保障儿童的安全是幼儿园教师和家长的共同任务。教师的重视、教师与家长的沟通、社区资源的共享等都是幼儿园安全教育顺利进行的前提。教师在保护学前儿童的安全及进行安全教育时，角度是多重的，也是灵活多变的。教师要培养儿童预测、判断、回避危险的能力，探索、创新、自主的精神，允许儿童尝试各种他们自创的具有“冒险性”的活动，以及自己发明的一些游戏的“非常规”玩法，还要适时地向儿童进行安全知识教育。同时，关于学前儿童的安全及安全教育方面，幼儿园教师应当始终与家长保持沟通交流。例如国外的许多幼儿园在外出参观游览时，都会向家长发放专门的意见书，家长在意见书上签字则表示家长同意为外出危险承担一定的责任。

（二）学前儿童安全教育的方法

学前儿童的年龄特点决定了教师在对他们进行安全教育的时候，应当将安全教育的内容融入生动有趣的方法中，以使儿童能够接受。

1. 对照比较法

对一些危险性不大的活动，教师可鼓励学前儿童大胆体验，逐步找出最佳的行为保护法。例如玩皮球时，把儿童分成两组：一组不提任何要求，让儿童自己玩耍；另一组则按老师提出的要求玩皮球。儿童通过两种玩皮球行为的比较，会逐渐懂得只有遵守游戏规则，才能玩得好、玩得有趣，不会撞倒碰伤，不会出现安全事故。

2. 实例分析法

教师可以利用学前儿童生活中的所见所闻，以及经常发生的一些事件，对儿童进行实例分析，让他们知道什么事情（动作）是可以做的，什么事情（动作）是不可以做的，让他们知道一些引起危害的原因，也让他们学习一些简单的自救动作和方法。

3. 游戏模拟法

教师可以通过游戏的形式模拟各种意外事故发生的场景，让儿童学会在特定情况下的操作动作，培养其安全意识和自我保护能力。例如通过角色游戏，模拟发生火灾的情境，让儿童掌握自救的动作、方法和技能。

第二节　学前儿童安全教育的目标和内容

一、学前儿童安全教育的目标

教育目标是教育活动、教育过程设定的要在受教育者身上反映的规格指标，是所有教育工作的出发点和归宿。安全教育的目标必须符合学前儿童的年龄特征。学前儿童健康领域的安全教育目标是学前儿童应具备基本的安全知识和自我保护能力，具体从以下三个方面进行阐述。

（一）增强自我保护意识

心理学家认为："习惯是在一定情境下自动化的动作系统。"人的行为只有养成习惯才具有稳定性和一贯性，它反映了习惯的养成与否及养成的程度。儿童期的神经细胞反应时间短，容易形成条件反射，教师应抓住这一教育契机，探索有效的方法，将规则渗透在明确的要求中，使学前儿童多进行正确行为的练习，积极向其家长宣传幼儿园养成教育的重要性，并与之配合，反复强调、长期坚持，才能收到效果。

（二）提高自我保护能力

安全常识是指人们在历经灾难后，对灾难缘由的规律性认识及采取的必要防护措施。在以往发生的自然和社会灾难中，学前儿童往往受害最严重，因此向学前儿童普及自我保护常识势在必行。结合日常生活，应从防毒、防电、防火、防交通事故、学会救护方法等方面选择对儿童有益、便于儿童掌握的基本常识作为教育内容。例如有雷电时不看电视，认识各种危险、安全标志和求救号码，熟记自家地址和电话号码，遇到险情会用电话求救。儿童一旦掌握了自护常识，具备了防范和抗灾的某些本领，加之教师、家长的照料和社会的重视、关心，将会遇事不慌，受到伤害的概率会大大降低。

（三）养成良好的安全自护行为习惯

忽视儿童学习主动性的讲授、灌输，难以产生持久的影响。如果创造机会让儿童参与实际操作，变被动理解为主动内化，从做中学、从做中体会和感悟，不仅能够激发他们的兴趣，更能在活动中培养学前儿童的安全自护行为习惯。教师要有计划、有目的地创设各种情境，帮助儿童认识在社会上可能遇到的问题，并使其做出合乎社会规范的行为反应，如开展常态化的防地震、防火灾模拟演习活动。虽然有些自然灾害如地震等是人力无法控制的，但发生地震或大火、出现雷雨或台风天气时，如何把伤害程度降至最低呢？可通过组织模拟演习活动，教会儿童在突发情况下保护自己，逃生时避免混乱和踩踏等。例如模拟演习活动：地震时听到警报声，应听从老师的指挥，有序下楼；逃生时不扭头向后看，要快速跑到平坦的广场，远离高楼等建筑物；针对恶性伤害的“恐怖事件”，幼儿园也要组织相应的演练。模拟演习活动能使孩子掌握在突发情况下有序逃生的方法，灾难发生时，能冷静、正确地保护自己。经过多次模拟演练，学前儿童的自救意识就会增强，自救动作更迅速。

通过多种安全自护行为的强化练习，可帮助儿童养成良好的行为习惯，矫正不良习惯，从而减少意外伤害事故的发生。

二、学前儿童安全教育的内容

儿童安全教育涉及的内容较为广泛，主要有交通安全、生活安全、食品药品安全、玩耍安全、防跌落、防烫伤、防触电、防走失、消防安全、防传染病、人际交往安全等。这表明与儿童在园生活十分密切的方面已成为学前儿童安全教育的主要内容。但是儿童躲避自然灾害、防止性侵害等方面的安全教育在幼儿园开展得相对不足。笔者下面主要介绍学前儿童常见的安全教育内容。

（一）交通安全教育

让儿童了解基本的交通规则，以避免学前儿童因不懂得或不遵守交通规则而发生车祸。通过教育，让儿童了解“红灯停，绿灯行”“行人、车辆各走其道”“上街靠右行走”“不在马路上玩耍，不横穿马路”等一些最基本的交通规则。

让儿童认识常见的交通标志。例如人行横道线、红绿灯，知道这些交通标志的作用。

让学前儿童养成遵守交通规则的习惯。在初步形成交通安全意识的基础上，养成遵守交通规则的习惯。

（二）防触电、溺水教育

触电又称电击，是日常生活中较常见的意外伤害，严重者有生命危险。幼儿教师和家长应教育儿童不摆弄电器，不拉电线，不用剪刀剪电线，不触弄电源插孔等，不随意开启电器，尤其是电熨斗、电取暖器等，避免由此造成的伤害。

儿童平衡及自救能力差，误入水中后无挣扎及自救能力，很易溺水。因此幼儿教师和家长要教育孩子不能私自到水边玩耍，不要私自去游泳，看到同伴落水时，要及时就近呼叫成人施救。

（三）防火安全教育

对孩子进行防火安全教育，主要包括：①让孩子懂得玩火的危险性。②让孩子掌握简单的自救技能。例如，教育孩子，一旦发生火灾，要马上逃离火灾现场，并及时告诉附近的成人。当发生火灾，自己被烟雾包围时，要用防烟口罩或湿毛巾捂住口鼻，并立即趴在地上，在烟雾下面匍匐前进。③带孩子参观消防队员的演习，请消防队员介绍火灾的形成原因、消防车的作用、灭火器的使用方法及使用时应注意的事项等。④可以进行火灾疏散演习，事先确定各班安全疏散的路线，让孩子熟悉幼儿园的各个通道，以便火灾发生时，能在老师的指挥下统一行动、安全疏散，迅速离开火灾现场。

（四）食品药品安全教育

食品与儿童的日常生活息息相关。儿童在幼儿园的饮食问题一直是家长关注的焦点，一方面，有些儿童的饮食习惯不健康，喜欢吃垃圾食品；另一方面，食品卫生需重点关注。药品也是学前儿童经常接触的存在安全隐患的物品，家长及幼儿园老师要小心保管。教师应该做好相应引导和预防工作，为儿童的健康成长奠定良好的基础。为此幼儿园及家庭应做到以下七个方面。

（1）嘱咐学前儿童不喝碳酸饮料，不随便食用不明食物。教师认真观察并询问学前儿童家长其子女是否有过敏史，最大限度降低儿童饮食的危险。

（2）避免儿童食用一些难以咀嚼的食物，如坚果、硬糖、爆米花等。

（3）创设良好的进食环境，使儿童能安静进食。

（4）建立严格的药品保管制度。内服药、外用药均需用标签标清楚，分开放置，专人保管，不给儿童随手能拿的机会。

（5）安全用药。给学前儿童用药前，要仔细核对姓名、药品名、剂量，切勿拿错药或服药过度。

（6）妥善保管化妆品，勿让儿童拿到。有的化妆品颜色鲜艳，会诱使孩子品尝它的味道，以致中毒。

（7）妥善保管消毒剂和杀虫剂等有毒物品。不得让儿童使用或帮忙拿消毒剂、杀虫剂等。

（五）生活安全教育

让儿童了解哪些事不能做。例如，认识生活中常见的安全标志或危险标志等。教育儿童不要随身携带玩具及锐利的器具，更不应把它们放在口、鼻、耳中，以防误伤自己。

防跌落，防踩踏。例如，教育儿童不爬树，不爬墙，不爬窗台、扒窗户，不从楼梯扶手上往下滑。推门时要推门框，不推玻璃，手不放在活页门缝中。不使用棍棒在室内外追打。过往楼道要轻声，走路有序。

提供安全材料，引导儿童学习和学会正确使用常见的生活用具或劳动工具。例如，为儿童提供的塑料粒、珠子等活动材料要足够大，材质要安全，以防造成异物进入气管、铅中毒等伤害。为学前儿童提供安全剪刀。为学前儿童示范拿筷子、握笔的正确姿势以及使用剪刀、锤子等工具的方法。提醒学前儿童不要拿剪刀等锋利工具玩耍，用完后要将其放回原处。

注意运动中的安全。例如，要教育儿童在运动或游戏时按顺序来，避免碰撞。没有成人看护时，不从高处往下跑或从低处往上蹦。

教会儿童与陌生人交往的正确方式。例如，大班学前儿童要能说清楚自己的姓名、园名、家长姓名、家庭住址和家长所在单位名称。教育儿童学会保护自己，不轻信陌生人的话，未经允许不跟陌生人走。

为儿童提供一个安全的生活环境，对儿童进行各种安全教育，是幼教工作者应尽的职责。

三、学前儿童各年龄阶段安全教育的具体内容

（一）小班安全教育内容

（1）知道保护五官的方法。例如不挖鼻子，不把异物塞到嘴巴、耳朵里等。

（2）不要随便讨要陌生人的东西和乱吃陌生人给的东西。

（3）不随便跟陌生人走，不要让陌生人触摸自己的身体。

（4）上下楼梯不推挤，靠右侧一个跟着一个上下，不从扶手上往下滑。

（5）知道自己的姓名及父母的姓名、电话。

（6）不做爬窗、跳楼梯、玩门、从高处往下跳等危险动作。

（7）不玩插座、电器。

（8）不随身携带玩具、刀、牙签等锐利的器具来幼儿园，更不应把它们放到口、鼻、耳中，以免受到伤害。

（9）不拿玩具和同伴打闹，更不能抓、咬、打同伴。

（10）在运动、游戏中和在游乐场里玩耍时，应听从老师的安排，遵守纪律，有序活动，避免互相追打、乱跑碰撞。

（11）外出活动时，听从大人或者老师的安排，不随便离开集体。

（12）懂得玩火、玩电、玩水的危害，不玩火、玩电、玩煤气，以防意外事

故的发生。

（13）自己受到伤害时，要及时告诉大人。

（14）不到马路上玩耍，走路靠右侧，没成人带领不自己过马路。

（15）不喝生水，不吃腐烂、变质、有异味的食物。

（二）中班安全教育内容

（1）学前儿童要记住自己的姓名、家庭住址、父母的全名及工作单位，知道遇到危险时应怎样拨打紧急呼救电话。

（2）一个人留在家里时，如有陌生人来访，不要私自开门。

（3）不要用湿手去摸电器的开关、插头，更不可将手指、别针、回形针等放进插座，以免触电。

（4）在家中不要攀爬登高，更不要在阳台、窗边及楼梯口嬉戏，避免发生坠楼或滚下楼梯的事故。

（5）不要用塑料袋或棉被蒙头，不要将绳子绕到脖子上，也不可把花生、纽扣、弹珠等小东西放进鼻孔或嘴里，以免不小心吸入气管。

（6）吃任何东西前，一定要先征得大人同意，地上或桌上的东西不可随便捡来吃。还要避免边吃边跑，否则食物易吸到气管里。

（7）知道相关呼救电话“110”“120”“119”，懂得如何打报警电话。

（8）不随意轻信陌生人的话，未经允许不跟陌生人走，更不要让陌生人碰自己的身体。

（9）在家不自己动手反锁门，不玩煤气、炉火、打火机、开水壶、饮水机、药品等危险物品。

（10）没有成人带领不能独自过马路。过马路时，应遵守交通规则，走人行横道，不在马路上停留和玩耍。上街走路靠右侧。

（三）大班安全教育内容

（1）不要随身携带玩具及锐利的器具来幼儿园，更不应把它们放到口、鼻、耳中，以防造成伤害。

（2）上下楼梯靠右侧走，不从楼梯扶手上往下滑，不做爬窗、扒窗、跳楼梯、玩门、从高处往下跳等危险的动作。

（3）到公共场所参观游览、外出散步或进行户外活动时，要远离变压器、建筑工地等危险的地方，听老师（或者大人）的话，不得随便离开集体，有事应告诉老师。

（4）了解安全常识，懂得玩火、玩电、玩水的危害，以防意外事故的发生。

（5）了解消防栓、灭火器的用途，知道幼儿园的安全通道出口；养成到公共场所注意观察消防标志和疏散方向的习惯；知道各种报警电话，懂得如何报警。

（6）知道自己的姓名、园名和家长的姓名、单位、家庭住址、电话，能表达清楚，紧急情况下知道如何保护自己。

（7）不随意轻信陌生人的话，未经允许不跟陌生人走，更不要让陌生人碰自己的身体，知道只有家长、医生、护士才能触摸自己的身体；如果陌生人要这么做，一定要尽快逃开。

（8）预防中毒。生活中，中毒范围非常广，有煤气、食物、化学品、药品、消毒剂、杀虫剂等多种中毒事件。

（9）单独在家时，不随意开门，听到敲门声不要开门，以防窃贼趁大人不在时闯入盗窃。

（10）遵守交通规则，了解乘车安全知识，知道一些安全标记，不在马路上停留和玩耍，过马路要走人行横道。乘车时坐稳，不将手、头探出窗外，不乱动车上的按钮。

（11）不随便拿刀、剪或其他尖锐器物当玩具。学会正确使用刀、剪等工具。

（12）运动时注意遵守规则，按顺序进行，避免碰撞，不做危险性游戏，懂得登高的危险。不可从高处随便往下跳。勇敢和逞能是两回事，不拿高处够不着的东西。

（13）知道什么是安全的地方，什么是不安全的地方。例如不在加油站、建筑工地等地方玩耍。了解在公共场合走失后的自救方案（和大人在预定地点、时间集合，向警察、工作人员寻求帮助，借电话打给父母等）。

第三节　学前儿童安全教育活动的组织与实施

一、制度的保证

联合国的《儿童权利宣言》呼吁：“人类应当将她拥有的最好的东西给予儿童。”这体现了人类的良知和对下一代健康成长的责任和使命感。对于成长中的儿童来说，安全才是最好的、最宝贵的。儿童安全涉及的面很广。保障儿童安全，从客观上看，应当有规范的标准；从主观上看，应当提高监护人的安全意识，这样才能为儿童创造一个安全且适于成长的环境，才能将儿童的安全教育落到实处。我国对幼儿园的安全工作历来十分重视，教育部、国家卫生健康委、住房和城乡建设部等部门制定了一系列相关的法规和文件，对幼儿园的建筑设计、设备设施、人员资格、安全、卫生保健等方面都有明确而具体的规定。

（一）对园舍建筑的安全要求

幼儿园的建筑设计必须符合学前儿童年龄特点，保障学前儿童的健康安全。1989 年颁布的《幼儿园管理条例》对此有明确规定：举办幼儿园必须将幼儿园设置在安全区域内。严禁在污染区和危险区内设置幼儿园。在园舍的建筑设计方面，《托儿所、幼儿园建筑设计规范》有详细规定，比如选择园舍必须满足的条件有：远离各种污染源，日照充足，场地平整、干燥，排水通畅等。其中，还对幼儿园的建筑面积、生活用房的面积和设置、防火、安全疏散通道的设计等都作了具体规定。

（二）对幼儿园规模的要求

为保证学前儿童的安全和教育质量，幼儿园的规模不宜过大。《幼儿园工作规程》中对幼儿园的办园规模作了规定。从班额来讲，每班人数不宜过多，大班（5 ～ 6 周岁）35 人，中班（4 ～ 5 周岁）30 人，小班（3 ～ 4 周岁）25 人。这样的规模便于保教人员全面照看学前儿童，便于园长的有效管理，以确保幼儿园的办园水平和教育质量。

（三）对幼儿园设备设施的要求

托儿所、幼儿园的设备设施首先要保证安全。除了幼儿园的房屋、场地、建筑设计等方面的规定外，对幼儿园的设施设备，如卫生间、盥洗池、食品原料存放间、食品加工操作间、食品出售场所及用餐场所等，《托儿所、幼儿园建筑设计规范》和《学校食堂与学生集体用餐卫生管理规定》中都作了详细的规定。

（四）对幼儿园任职人员的基本要求

学前儿童心智发育还不成熟，缺乏自我保护的意识和能力。所以，幼儿园的工作人员应身心健康，具备良好的职业道德，对孩子充满爱心，时刻把孩子的安全放在首位，这是幼儿园工作人员的基本任职条件。

《幼儿园管理条例》对幼儿园各类工作人员的任职资格有严格规定。幼儿园园长、教师应当具有幼儿师范学校（包括职业学校幼儿教育专业）毕业程度，或者经教育行政部门考核合格；医师应当具有医学院校毕业程度，医士和护士应当具有中等卫生学校毕业程度，或者取得卫生行政部门的资格认可；保健员应当具有高中毕业程度，并受过幼儿保健培训；保育员应当具有初中毕业程度，并受过幼儿保育职业培训。

除了对任职资格有规定外，《托儿所幼儿园卫生保健管理办法》中规定，园（所）工作人员在上岗前还必须在指定的医疗卫生机构进行健康检查，体检合格方可就职。而且，每年还必须全面体检一次，患有传染病者须立即离职治疗。《学校食堂与学生集体用餐卫生管理规定》中也对患有哪些疾病的人员不能从事食堂工作做出了详细的规定。同时，我国在很多法规中都强调患有慢性传染病、精神病者不得在幼儿园工作。

（五）对幼儿园食品采购的卫生要求

为儿童提供卫生、营养的食品，是学前儿童生存、健康发展的基本保证，是幼儿园保育工作的重中之重，也是家长、社会评价幼儿园的一个重要指标。

《学校食堂与学生集体用餐卫生管理规定》中规定，食堂采购员必须到持有卫生许可证的经营单位采购食品；禁止采购腐败变质、未经卫生检验、超过保质期限以及其他不符合食品卫生标准和要求的食品。

《托儿所幼儿园卫生保健工作规范》中规定，要定期计算学前儿童进食量、营养量。这项工作已被纳入各级教育行政部门对幼儿园工作督导评价的主要内容。为保证学前儿童伙食费的专款专用，工作人员（包括炊事员）伙食和学前儿童伙食要严格分开，不允许侵占儿童伙食。

（六）对幼儿园食品贮存和加工的卫生要求

幼儿园食品贮存和加工是否符合卫生要求，也是关系学前儿童身心健康的重要问题。《学校食堂与学生集体用餐卫生管理规定》中对食品贮存、冷藏设备、存放地方及监督检查等方面作了明确规定。比如，食品贮存应当分类、分架、隔墙、离地存放；食品贮存场所禁止存放有毒、有害物品及个人生活物品；用于保存食品的冷藏设备，必须贴有标志等。其中还要求：加工食品必须做到熟透，加工后的熟制品应当与食品原料或半成品分开存放，防止交叉感染；食品不得接触有毒物、不洁物；幼儿园不得制售冷荤凉菜。

（七）国家对幼儿园卫生消毒的要求

学前儿童抵抗力弱，在幼儿园集体生活中，做好卫生消毒，避免交叉感染，是幼儿园工作的重点。《托儿所幼儿园卫生保健工作规范》中规定，幼儿园要做到每人每日一巾一杯专用，日常生活用品要专人专用，每天消毒；用流动水洗手、洗脸；厕所要每日清扫干净、消毒，3 岁以上学前儿童要提倡蹲式厕所；学前儿童玩教具要保持清洁，定期消毒、清洗。

《学校食堂与学生集体用餐卫生管理规定》中规定，餐饮具使用前要消毒，未经消毒的餐饮具不得使用；禁止重复使用一次性餐饮具；餐饮具所使用的洗涤、消毒剂必须符合卫生标准或要求。

（八）对在园学前儿童健康检查的规定

《托儿所幼儿园卫生保健工作规范》中规定，必须定期为学前儿童体检，防止传染病流行。在园学前儿童的健康检查分为两种：一是入园检查，即学前儿童在入园（所）前必须进行全身体格检查，合格者方能入园；二是定期体检制度，即幼儿每年体检一次，每半年测身高、体重一次，进行健康分析、评价、疾病统计，建立健康卡片或档案。

（九）对幼儿园传染病预防和隔离的规定

幼儿园要采取一切措施，防止传染病的发生，应做好经常性的疾病预防工作。为防止传染病的交叉感染，严格对与传染病患者接触过的学前儿童进行检疫、隔离、观察，检疫期间不办理入托和转托手续。园（所）儿童不混班、不串班，检疫期满后无症状者方可解除隔离。特别指出的是，对离园（所）1 个月以上或曾离开本地的学前儿童，应向家长询问有无传染病接触史，并经过医务人员重新检查。社会上有传染病流行时，幼儿园要采取更加严格的防范措施，以保证在园学前儿童不受传染病的侵害。

（十）幼儿园教职工的日常安全工作

《托儿所幼儿园卫生保健工作规范》中规定，幼儿园工作人员必须注意房屋、场地、家具、玩具、用具使用安全，避免触电、砸伤、摔伤、烫（烧）伤等事故的发生；儿童药物必须妥善保管，吃药时要仔细核对，剧毒药品要由专人管理，并严禁放在班上；药物保管和服用应由医务人员负责；建立健全儿童接送制度，不得丢失学前儿童。

幼儿园发生食物中毒、传染病流行时，开办幼儿园的单位或者个人应当立即采取紧急救护措施，并及时报告当地教育行政部门或卫生行政部门。幼儿园的园舍和设施有可能发生危险时，开办幼儿园的单位或个人应当采取措施，排除险情，防止事故发生。

二、日常的防范

儿童伤害虽是突然发生、对生命和健康有严重威胁的事件，但其发生既有外部原因，也有内部原因，是诸多因素综合作用的结果。尤其值得重视的是，儿童生活的室内、户外环境，以及家庭和幼儿园环境中存在很多不安全因素，需要加以防范，为儿童营造安全的环境。

（一）室内安全

相对室外来说，儿童在室内的时间较长，人们一般会认为室内比室外安全。其实，室内安全也需要我们予以重视，具体措施如下：

（1）保持活动室的整洁，因为杂物散落或放置在地上，容易使幼儿走路时绊倒。

（2）在活动室开展活动时，要跟桌椅保持一定的距离，注意不要碰到桌椅坚硬的角。

（3）打扫学前儿童出入的地方时，不要洒太多的水，以免幼儿滑倒；下雨天带进活动室的雨具要集中放在专门的地方，以免地面湿滑。

（4）发现桌椅有突出在外面的钉子等尖利的东西，活动室内有电线松落，电器开关或插座破裂，风扇或灯具松动等情况，要及时报告维修。

（5）教育幼儿不在走廊及其他非运动场所踢球、打球，不在走廊追逐打闹。

（6）教育幼儿上下楼梯靠右行，不在楼梯扶手处往下滑行，不挤着上下楼梯。

（7）教育幼儿若发现幼儿园或其他场所有奇怪的声音、不明的物体，要立刻报告老师或家长，不要自己去触碰。

（二）户外安全

儿童的天性决定了他们必然喜欢户外的环境，喜欢投入大自然的怀抱，喜欢做他们想做的事情。这样，儿童的户外安全问题就显得十分重要，户外教育的要点具体如下：

（1）儿童必须懂得走路靠右边，要走人行道。

（2）让儿童知道车辆的速度与距离的关系。

（3）告诉儿童不能在马路上追逐打闹、东张西望或突然跳进跳出。

（4）教育儿童走在路上不去碰摇晃的树干、电线和其他高悬物体。

（5）教育儿童不随意捡拾一些不明之物。

（6）教育儿童不随意踩踏看上去凹凸不平的地方。

（7）遇到雨天打雷时，要尽可能待在屋内。

（8）教育儿童不要拥挤在人多的地方。

（9）教育儿童外出时一定要紧随同去的成人。

（10）教育儿童在外面要知道与家人联系的电话号码及自己居住的地址。

（11）教育儿童知道遇事可以求助他人或警察的帮助。

（三）家庭安全

家庭是儿童安全事故高发的场所，因为在家的时候儿童和大人都会比较松弛，稍有疏忽极易发生意外事件而对儿童造成伤害。

家庭安全的具体要求如下：

（1）防滑。刚打过蜡的地板，注意不要让儿童马上行走。如果地板本身就滑，要及时擦干水或油渍，以防打滑。可在儿童经常出入的地方铺上几块防滑地毯。

（2）防摔。儿童常用的玩具类物品应方便儿童自由取放；家里有的东西是放在高处或者是柜顶上的，注意不要让儿童爬上凳子去拿；成人从高处取物时，要防止东西坠落下来伤害儿童。

（3）防坠落。住楼房，成人一定要注意不要让儿童从窗户、阳台往下探身，以防儿童不慎掉落。

（4）防利器。不要让儿童拿棍棒在屋内打闹；不要让儿童随意使用刀、剪、锥子等工具，家长拿着刀、剪、锥走路时，锋口应该朝下；家长要随手捡起掉在地上的图钉，以免图钉扎脚。

（5）防烫伤。玻璃杯、暖瓶、开水壶等要放置妥当，以免打破、踢倒。有的玻璃杯在寒冷季节倒入开水会炸裂，导致烫伤或割伤皮肤，所以在使用此类玻璃杯之前，先用温水冲洗一下。

（6）防火灾。让儿童知道在任何场合千万不要玩火，火灾是很可怕的事情。

（7）防触电。不要用尖细的物品插入电器插座，手脚潮湿的时候不要碰触或使用电器。

（8）预防其他意外事件。告诉儿童小心保管家中的钥匙，进入家中后插好门锁链；养成随手关门的习惯，即使出门时间很短，也应随身携带钥匙；门铃响时要先通过“猫眼”或者问话确定对方身份，不要随便让陌生人进入室内；独自在家时，尽可能不要应门、开门；遇有陌生人按错门铃或打错电话时，须提高警惕；不要随意邀请陌生人到家中玩；不要在门口留纸条给家人，避免小偷光顾。

（四）幼儿园安全

幼儿园的集体生活对于儿童来说较易引起兴奋。幼儿园人多、玩具多、玩的地方多等因素都会使孩子忘乎所以。因此，幼儿园安全切勿大意。

1. 园内设施安全

幼儿园内的装置、设施、器件的安全直接关系学前儿童的安全，也是引发意外事故的主要原因之一。《学生伤害事故处理办法》中明确规定，因“学校的校舍、场地、其他公共设施，以及学校提供给学生使用的学具、教育教学和生活设施、设备不符合国家规定的标准，或者有明显不安全因素”而造成的学生伤害事故，学校应当依法承担相应的责任。《幼儿园管理条例》也明确要求幼儿园的园舍和设施必须符合国家的安全标准。《中华人民共和国教育法》则明确规定：“明知校舍或者教育教学设施有危险，而不采取措施，造成人员伤亡或者重大财产损失的，对直接负责的主管人员和其他直接责任人员，依法追究刑事责任。”

幼儿园设施方面的不安全因素包括：幼儿园的危房、危墙；大型玩具年久失修，螺丝脱落；栏杆过低、松动；栏杆下堆有杂物；过道上的窗户过低；玩具、教具的材料有毒；活动场地太滑、太坚硬；大型器具下无保护设施；建筑物有锋利的棱角；花盆放在了容易坠落的地方，等等。

2. 园内制度保证

幼儿园的安全制度包括如下方面：

（1）门卫制度。

为确保幼儿园的秩序安全，必须严格把好进门关，无关人员一律不得进入园内；若有事须进园，应做好登记工作，以确保在发生情况时第一时间找到相关人员；门卫人员还必须严格禁止学前儿童擅自单独离园。

（2）学前儿童接送制度。

家长送学前儿童入园，必须与教师做好交接工作；学前儿童离园时，家长必须到学前儿童所在班级接学前儿童。一般情况下，非学前儿童家长不能接走孩子。

（3）食品卫生安全制度。

幼儿园应当建立卫生保健制度，防止发生食物中毒或使传染病流行。幼儿园要严格按照食品卫生法的有关规定，严禁采购腐烂变质的原料，做好厨房及餐具的卫生及消毒工作，避免食品中毒事故的发生。

（4）药品保管制度。

学前儿童生病需带药到幼儿园服用的，必须在药品上填写学前儿童的姓名、服药剂量及服药时间等有关内容，以免出现学前儿童服错药的情况。同时，药品必须放置在学前儿童够不着的地方，以防学前儿童误食。

（5）日常安全常规。

带班教师不得离开活动室，每个学前儿童都必须在带班教师及配班教师或保育员的视野之内，以便及时发现不安全因素，并进行处理。保健教师必须严把晨检关，及时发现学前儿童是否带有不安全的东西来园等。

（6）安全管理制度。

对涉及安全方面的各项制度本身的制定、执行的情况要加强管理，做到专人负责，定期检查，及时反馈，改进到位。

（五）儿童乘车的安全

儿童对车子往往情有独钟，因为车子行驶会给予他们动态的刺激，同时他们坐在车子里会有美妙的体验。而儿童乘车却是大有安全隐患的，家长务必十分重视。

1. 儿童感知交通的心理

儿童和成人对周围世界的感知是有很大区别的。了解这些区别，将有助于成人对儿童的照看，确保儿童的安全。

儿童的身材都比较矮小，他们的视野都不能越过小轿车、长凳或灌木。对于儿童来说，他们很难看见隐藏在小轿车后面的物体，他们也很难被司机观察到。

儿童都会错误地认为自己看得见汽车，汽车驾驶员也一定能看见他们。

儿童通常对声音的来源很难准确判断。大部分儿童的听觉都非常敏锐，但是他们总会在发现声音来源之前东张西望好几次。

儿童判断车速和车距也很困难，他们不会区别开得慢的大汽车和开得快的小轿车，他们认为开得慢的大汽车看起来对他们更具危险。

儿童不能轻松地区分一辆运动或静止的汽车，因为汽车在运动时车本身不会改变形状（不像人和动物在移动时身体也在动）。这恰好解释了为什么儿童会等待一辆慢速行驶的汽车通过，而对一辆快速驶来的汽车选择继续踏步前进。

儿童会错误地认为汽车会像行人一样迅速地停下来。

儿童的视觉神经还没发育完全，事实上，他们的视野范围只有成人的 1/3。他们看不到眼角边以外的东西，也就注意不到一辆正在逼近的汽车。

儿童总是在活动当中，匆忙是产生危险举动的主要原因，急切想运动的思维会让他们忽略了安全。放学后是最危险的时段，因为在学校待了一天，他们急切地释放运动欲望，从而不顾安全。他们常常沉浸于自己的世界，忘却了交通的存在。

他们很容易分心，只会本能地把思想集中在自己的乐趣中，不会理会危险。

2. 儿童乘车需注意的问题

（1）车型。儿童乘车时应该选择配置有儿童安全装备的车型。例如儿童安全锁，当儿童安全拔杆往下打时，就会锁住后车门，后座乘客从内无法打开后车门，可以防止好动的儿童在车辆行驶过程中意外打开车门。还有些车有自动上锁功能，当车辆行驶到 30 千米 / 小时以上时，就会自动锁上后车门从而达到同样的目的。

（2）儿童安全装置。儿童的身体结构和特性与成年人有很大的差异，在行车过程中，儿童的头部、颈部及盆骨最容易受伤。因此，对于身体承受能力弱的儿童，特别是婴儿，在车内加装儿童安全装置，约束儿童身体的更多部分，是非常有必要的。例如儿童安全座椅，通过多重皮带、可变形的护垫和护罩，以及让儿童面向后方乘坐，可以达到安全要求。安全座椅完全排除了人手抱持可能发生的失误，也避免了儿童单独乘坐时由于乱摸乱动等可能发生的各种意外。无论是正常驾驶期间，还是发生事故时，安全座椅都能对儿童产生强有力的保护、缓冲作用。

（3）习惯。父母还应该养成良好的开车习惯和乘车习惯，如不要把儿童放在副驾驶位置；学前儿童应该尽可能面向后方乘坐；尽量不让儿童单独留在车里；停车熄火才让儿童下车等。对儿童来说，应该让他们养成不随便乱动车内按钮与把手、不钻来钻去地打闹及坐在椅子上的习惯。另外，父母在开车时要提高警惕，控制车速，时刻注意四周情况，尽可能不踩急刹车。

三、活动的渗透

学前儿童安全教育的实施并不是一时一事的。儿童的年龄特点决定了安全教育应当蕴含在儿童的所有活动中，从细微处入手，以培养儿童的安全意识和安全行为。

（一）日常生活中随时随地的安全教育

儿童生活中和周围环境中的安全隐患无处不在，所以对儿童的安全教育就应当是随时随地的。在日常生活中，这种教育并不声势浩大，有时可以是信手拈来的，但它却很有必要，对于儿童是一种细雨润物的影响。在随时随地的安全教育中，让儿童了解安全、懂得安全，从而在最大范围内保障儿童的安全。

（二）渗透在其他活动中的安全教育

以儿童发展为本已成为学前儿童教育的重要理念，而儿童发展的前提是确保儿童安全。

在幼儿园的各种活动中渗透安全教育，是保证安全教育落到实处的有力措施。下面笔者介绍上海某幼儿园的一些做法。

1. 学前儿童服药委托单

“学前儿童服药委托单”的设置主要是加强学前儿童在园服药安全的管理。当学前儿童需要在园服药时，家长必须在保健教师晨检时填写“学前儿童服药委托单”。家长在填写过程中，能感受到自己的责任，服药安全的意识明显增强。幼儿园只是受家长委托，提供“服药”的服务，降低了幼儿园的责任风险。一张“学前儿童服药委托单”明确了幼儿园与家长之间的责任关系，体现了家长、保健教师、教师在督促学前儿童服药中的不同责任，确保了学前儿童的服药安全。

2. 学前儿童每日出勤报告制度

保健教师晨检后，及时将“每日学前儿童出勤报告”张贴在园务公开栏里，让教师、家长了解全园学前儿童缺席的基本情况，如病假、游玩、去外地等。尤其是及时了解去外地的学前儿童回来后的身体状况，做到对三天不来园的学前儿童及时上门家访，一旦发生传染病，要早知、早预、早隔离。“每日学前儿童出勤报告”在预防和有效控制传染病方面发挥了积极的作用。

3. 定期的消防演习活动

每年一次“演习”已成为幼儿园安全教育的一项重要内容，如消防演习、防暴演习。这样的安全教育与国际接轨，从小培养儿童防范不安全因素的意识与能力，让他们终生受用。同时，演习本身就是一种有效的安全教育活动。

4. 学前儿童外出应急预案

对于学前儿童外出，除了制订活动计划外，还要制订一份应急预案。教师要与家长一起制定防范各种安全隐患的措施，让家长成为应急预案中的一个主要成员，使安全教育在家园共育中得到开展。

5. 设立安全标识

在园内与安全有关的地方及其设施上，通过设立安全标识，以无声的语言方式形象地告诉学前儿童它是做什么用的、为什么要这样做，如果不这样做将会有什么后果等，以丰富学前儿童的安全常识和经验。

6. 离园活动中的安全教育

离园安全要求包括员工离园时的签名制度，学前儿童离园时检查自己的药品、玩具，整理桌椅，发现物品损坏要学会告诉老师等。这样可以确保学前儿童离园后，幼儿园整洁、干净、安全。

7. 全日观察记录

保健教师、保育员、教师“三位一体”的全日观察记录，把一些观察到的问题作为学前儿童安全教育的内容，渗透于教学活动中，完成安全教育的目标。通过“三位一体”的循环，即教师“教”、保育员“防”、保健教师“检”，将安全教育的元素贯通，使安全教育切实有效。

8. 安全小组巡视制

幼儿园成立安全小组，分别从学前儿童的行为安全、药物食物安全、设施设备安全、卫生预防安全等方面展开巡视，确保学前儿童在园的安全。

（三）体验式的安全实践活动

体验式学习起源于美国斯坦福大学，是一种新型的学习方式。它基于杜威的经验主义哲学，受到建构主义心理学和人本主义心理学的启示。体验式学习是通过在体验活动中反复观察、感受、实践、探究，使参与者充分体验所经历的各种事件，最终认识事物，掌握知识与技能，发展能力，养成某些行为习惯，形成某些观念、情感、态度乃至心理品格的过程。幼儿园的体验式学习是让学前儿童在游戏活动中获得知识、形成技能、提高认知水平的一种学习方式。这种学习方式和学习过程只有通过亲身体验才能最终有效地完成。在学前儿童的学习活动中，体验涉及的感官越多，就越令人难忘，活动也越有效。

四、学前儿童安全教育实施的原则

教育原则有助于教育行为的贯彻到位。在实施学前儿童安全教育的过程中，笔者认为有必要把握以下四个原则。

（一）倡导安全氛围

各种社会媒介的宣传，电视、广播、网络、报纸、杂志、书籍等形式的安全知识的传播，能帮助儿童逐渐改变其不良的生活行为，避免意外事故的发生。同时，父母的言传身教是塑造儿童行为的重要途径，应当强调父母在教育中发挥的关键作用，以身作则，注意营造良好的安全生活环境。幼儿园要严格按照国家的相关规定，把安全教育纳入教育教学内容，对儿童实施交通安全、饮食安全、使用设施安全和防火、防电、防中毒、防溺水、防雷击等方面的教育。

（二）重在自我保护

有研究表明，导致悲剧发生的一个重要原因是儿童欠缺安全防范知识、安全意识和安全习惯，加之自我保护能力差。教育者加强对儿童的保护固然重要，但更为重要的是加强对儿童自我保护能力的培养。这是解决问题的关键，也是安全教育的要求。教师和家长应对儿童加强行为规范的教育，培养他们独自应付环境、适应环境的能力。要启发和诱导儿童，让他们认识到什么是安全的、什么是不安全的，以及不安全行为的后果。要采用儿童乐于接受的形式，使儿童有兴趣接受教育。

（三）发挥教育合力

预防伤害是一项社会性很强的系统工程，它应该是全社会、全方位、全面性的协作。要有医学、行为学、环境学、教育学等多个学科，公安、司法、行政等多个部门的参与；要有儿童、家长、教师、医生、心理学家、社会活动家、警察等的共同努力；还要有家长、相关管理人员、看护人员、教师的警觉性和责任心。唯有如此，才能做好对儿童伤害的防范和教育工作。

（四）实现模式转变

有人根据意外伤害流行病学模式提出了预防儿童意外伤害的十项要点：预防危险因素的形成；减少危险因素的量；防止或减少危险因素的释放；减少危险因素释放率及空间分布；分离危险因素与受害人（从时间和空间等方面）；利用屏障分离危险因素与受害人；减少危险因素的危险性；增强人对危险因素的抵抗力；加强处理伤害的快速反应能力；加强有效地急救治疗和康复治疗的能力。因此，儿童安全教育应该根据实际情况实现如下转变。

1. 由急救型向预防型转变

当儿童生活与学习环境发生改变时要特别予以关注，做好心理安全和事故防范工作。在日常生活中，要确保儿童有一个安全的环境，保管好火种、煤气、农药、有毒药品和物品、烟花爆竹、危险品，对这些物品的出售、保管、使用、查验等环节都要做好安全防范工作，保证儿童居家安全、校园安全、出行安全和社会安全。

2. 由封闭型向开放型转变

以往的安全教育存在以教师为主、较随意地进行的状况。现在的安全教育必须改变只由老师在幼儿园里进行教育的状况，可以采取多种形式，利用园内外的诸多资源，对儿童进行生动、活泼、具体、有效的安全教育。

3. 由纪念日型向经常型转变

除了一些节假日、特别日的安全教育外，还要对儿童进行饮水安全、饮食安全、交通安全、用电安全、游泳安全、游戏安全、消防安全、活动安全、园舍安全、设施安全等长效性的、经常性的教育。

4. 由常规型向探索型转变

要提高儿童安全教育和健康保护的科技含量，建立和健全“预警系统”，培养社会、学校、家庭和儿童对不安全事件的快速反应能力，提高全社会的避难能力和救护能力。

5. 由简单报道型向正面引导型转变

媒体对儿童安全事故应从客观的角度予以报道，探究原因和教训，减少对儿童的暗示和误导，提高儿童的判断能力、选择能力和明辨是非的能力。

五、幼儿园常见意外伤害事故的预防和急救处理

学前儿童发生的意外伤害事故，有不同的种类和不同的程度。了解一些常见意外伤害事故的预防和处理方法是维护儿童安全所必须的。

（一）摔伤

学前儿童还处于生长发育时期，他们在蹒跚走路的过程中，由于自身和外部的因素，极易摔跤，以致摔伤。

1. 原因

学前儿童的骨骼中胶质多、石灰质少，骨骼不如成人那么坚硬，除此之外，他们的骨骼还处在不断的生长发育中。在日常活动中，除学前儿童本身的危险动作外，由于学前儿童的不良行为引起的摔伤事故也时常发生。例如学前儿童的互相推拉、追逐、打闹等，常常由于掌握不好轻重而将对方弄伤。在实际生活中，一些摔伤事故往往是因为学前儿童做了一些危险动作，成人没有及时发现并制止

造成的。还有一些则是对学前儿童生活照顾不细致造成的，如学前儿童鞋带散了，走路时踩在脚底下绊倒了，造成摔伤；因塑料鞋底嵌着小石子，下楼时正好踩在台阶的金属镶边而滑倒，肘部正好碰到台阶边缘，造成骨折；鞋子因穿得过久底纹被磨平了，走在湿漉漉的水磨石地面上易滑倒摔伤等。

2. 摔伤后的处理

（1）轻伤。如果仅是擦破点皮，做好消毒即可；如果碰了包，则可用碘酒涂擦或热敷；如果引起鼻出血，要使学前儿童安静，将头部或背垫高，并在额头放冷毛巾止血，也可用干净棉花塞入鼻孔。止血后，不要做剧烈活动，以免再出血。

（2）骨折。发生骨折后，会出现一系列症状。因断骨会刺伤周围组织的血管、神经，血管破裂后的出血又压迫周围组织，所以剧烈的疼痛和局部的压痛是典型症状之一。同时，骨折处的正常功能丧失，如下肢骨折后不能站立、行走，手指骨折后不能抓握等。骨折后原来附着的肌肉失去平衡，加上组织肿胀，局部还会出现畸形。学前儿童的骨折还有自身的特点，可以发生如同柳枝“折而不断”的现象，医学上称之为“青枝骨折”。发生“青枝骨折”后，疼痛不如骨骼完全断裂时明显，受伤肢体还可以做些动作，因此很容易被忽略。骨折未经复位长上以后，不仅肢体会出现畸形，还会影响正常的功能。因此，学前儿童肢体受伤后，幼儿园和家长千万不能掉以轻心，一定要送医院检查一下是否发生了骨折。

（3）头部受伤。如果头部有出血的伤口，应用清洁的手帕之类压迫伤口止血；如果有脑组织溢出头皮外，说明已损伤颅骨，应按样做简单包扎，尽快送医院抢救，千万不要把露出头皮外的脑组织送回伤口，以免造成颅内感染，后果不堪设想。如果头部没有伤口，只因外力作用到脑部，使脑组织受到震荡，发生昏迷，此时应将学前儿童放于床上休息，观察情况的变化并及时送医。

（二）走失

学前儿童因为缺乏自我保护的意识，又没有解决问题的办法，在一定的条件下会发生走失的情况，且具有危险性。

1. 原因

学前儿童走失的原因很多，包括：新入园的学前儿童对环境不习惯，因此出走回家；学前儿童在活动中有时会被外界有趣的事吸引，从而不知不觉地离开了集体；学前儿童在幼儿园中受了委屈，或个别保教人员态度不好，致使学前儿童对幼儿园没有亲切感，不愿待在幼儿园中；家中购买了新玩具等，吸引了学前儿童；保教人员责任心不强，没有照管好学前儿童，在拥挤的情况下使学前儿童走失。

2. 走失的预防及处理

针对学前儿童容易走失的各种可能，应事先做好预防工作。例如教师应了解孩子在想些什么；要教学前儿童学会说自己的名字、幼儿园的名称及父母的姓名、工作单位和家庭住址及必要的电话号码；幼儿园要加强门卫管理，建立家长接送孩子的制度。一旦发现学前儿童丢失，班上的教师一定要保持镇静，千万不要惊慌失措，要分析丢失的原因，确定寻找方向，并立即寻找。如果在幼儿园找不到，应马上报告，必要的时候要与家长和附近的派出所联系，尽快把学前儿童找到。找到学前儿童后要及时总结走失原因，吸取教训，对学前儿童进行正面教育，切勿训斥学前儿童，防止由此带来的负面影响。

（三）中毒

中毒的方式有三条：一是通过消化道的吸收中毒；二是通过呼吸道的吸入中毒；三是通过皮肤、黏膜的沾染中毒。中毒后，首先要排出毒物，尽量争取时间，不能等到送医院后再采取排毒措施。因为早 1 分钟脱离毒物，就可使病儿少吸收一些毒物，对病儿的生命和治疗效果有极大的好处；反之，当时不做处理，只差十几分钟、几十分钟的时间，就有可能造成严重的危害甚至使病儿丧失生命。煤气中毒、误服毒物是较常发生的意外事故。

1. 煤气中毒

煤气中毒是由于空气中一氧化碳过量引起的。在用煤炉取暖的屋子中，若室内通风不良、烟囱漏烟、风倒灌等可使室内空气中的一氧化碳过量，过量的一氧化碳通过呼吸道进入人体，导致煤气中毒。

轻度煤气中毒者会感到头晕、耳鸣、眼花、恶心、全身无力，此时应立即将病儿抬离中毒环境，到空气新鲜的地方去，让他吸入新鲜含氧的空气，来驱散血液中的一氧化碳。中毒较严重者，会处于呼吸困难、昏迷的状态。急救时除采用上述方法外，还应在保暖防冻的情况下，尽快送医院。若病儿呼吸、心跳已停止，要立即进行口对口吹气和胸外按压，并送入医院。

2. 误服毒物

毒物的种类很多，有些是人们熟知的剧毒物，如氢氰酸、砒霜等，但更多的是平时可作药用和食用的物品，因用量过大或使用不当而致中毒。一旦发现学前儿童误服了毒物或乱吃了药片、药水等，只要病儿未昏迷，则应向他讲清道理，取得合作，争取时间尽早把毒物从胃中“请”出来，尽量减少有毒物质的吸收。一般可以采用催吐、洗胃等措施。

对于吃进毒物时间较长的病儿，如超过 4 小时，毒物已进入肠道，则应立即送医院抢救。在急救的同时，要收集病儿吃剩的东西、呕吐物，以及残留的有毒物质，以供医生检验毒物的性质，为进一步治疗提供依据。

（四）异物进入人体

在日常生活中，学前儿童比较容易将一些细小的物品塞进自己的口、鼻、耳等器官中，若未被发现，会导致安全事故。

1. 气管异物

当人们吞咽食物的时候，会厌软骨盖住气管口，以免食物误入气管。但学前儿童会厌软骨的工作不如成人机灵敏感，因此当学前儿童正吃东西时如果突然大哭、大笑，会厌软骨可能来不及盖住气管，使食物呛入气管，形成气管异物。异物以圆滑的食物最为多见。学前儿童气管发育不完善，驱赶力较弱，很难将气管异物“赶走”，造成异物在气管内的停留。当异物将气管完全堵住时，学前儿童会出现呼吸困难，面色青紫。较小的异物会继续下滑，常常滑入右侧支气管，导致右侧肺不能工作，也会出现呼吸困难。

一旦发生气管异物，要立即进行急救。正确的方法是：救护者站在患儿背后，搂住他的腰，迅速用右手大拇指的背部顶住上腹部，左手重叠于右手之上，间断地向上、后方用力推压，使膈肌压缩肺，产生冲击气流，将气管异物冲出。若患儿已昏迷，则可让其俯卧，进行同样的推压。采取上述方法后，如仍不能排出气管异物，应立即送医院急救。

为了防止气管异物事故的发生，幼儿园和家长要培养学前儿童良好的习惯；告诉学前儿童不要捡食东西，不要躺在床上吃东西。当学前儿童口中含有豆粒、花生米等食物时，成人不能一惊一乍，也不能吓唬他，而要同他讲道理，让他吐出来。在学前儿童哭闹时，家长不要用吃东西来哄他。

2. 消化道异物

学前儿童有时会误吞骨头、纽扣等异物，这些异物有时会卡在食道里，有时还会沿着食道进到胃里。异物若卡在食道，患儿的食道部位会有明显的疼痛，在吞咽时，疼痛更明显，致使进食困难。如果异物在食道停留时间过长，还会引起局部及附近部位发炎，严重的会导致食道壁穿孔。一旦发生食道进入异物事故，应立即送患儿到医院医治，禁止采用“吃东西把异物顶到胃中”的做法。

3. 眼结膜、角膜异物

当沙子、煤屑、小飞虫等异物进入眼内后，会引起灼痛、流泪、畏光。若异物附于眼球表面，则可用干净的棉签轻轻地擦去；若异物嵌入睑结膜内，则需翻开眼皮再擦去。上述两种情况下，也可用滴管吸水用力冲洗眼睛。若异物嵌入角膜组织内，或用上述方法对角膜表面的异物无济于事，则应迅速送医院处理。如果时间长了，会影响学前儿童的视力发育，再取时也比较困难。

4. 鼻腔异物

学前儿童出于好奇，有时会将纸团、小珠子、豆粒等塞入鼻孔，形成鼻腔异物。若疏于医治，可出现大量带黏液的血脓性分泌物。一旦发现学前儿童将异物塞进一侧鼻孔，千万不要用镊子试图将异物夹出，尤其是圆滑的异物，很难夹住，还会使其堵得更深。正确的做法是：让学前儿童将无异物的鼻孔按住，然后用力擤鼻涕；还可用羽毛、纸刺激学前儿童鼻黏膜，引起喷嚏反射。如果上述方法排不出异物，则应到医院处理。

5. 外耳道异物

学前儿童如将豆粒、小珠子等塞入耳中，或有小昆虫钻入耳中，会形成外耳道异物。学前儿童会感到耳鸣，耳内有东西，听力往往也会下降。

若是苍蝇、蚂蚁等小昆虫钻进耳内，爬来爬去，使学前儿童感到疼痛，较易被发现。此时可用灯光对着外耳道口，利用昆虫的趋光性，引诱它爬出来；也可将半茶匙稍加热后的食油、甘油、酒精倒入耳内，再让患儿病耳朝下，控制 5 ～ 10 分钟，则被淹死的昆虫可随液体一道流出。

对于其他外耳道异物，最好到医院处理。因为在没有良好的照明条件、必要的机械和技术不熟练的情况下操作，易损伤学前儿童的外耳道皮肤，也可能将异物推入深处，损坏鼓膜，还有可能将异物推向中耳，造成更严重的后果。

（五）烫伤

学前儿童皮肤角质层薄，保护能力差，因此极易发生烫伤事故，后果也比成人严重。烫伤的发生主要是接触开水、热粥、热汤、蒸汽等造成的。

皮肤的烫伤可分为三度：一度烫伤，只伤及表皮，皮肤发红、微肿，但无水泡，只局部作痛，2 ～ 3 天后即可消失，皮肤受损部位变黑和剥落；二度烫伤，已伤及真皮，在发红和微肿的皮肤表面形成水泡，疼痛剧烈；三度烫伤最重，不仅全层皮肤受损，有时甚至较深的组织坏死，进而形成溃疡和瘢痕。烫伤的严重程度除根据烫伤的深浅来划分之外，有时也与烫伤的部位有关。例如头面部组织疏松，烫伤后渗出液多，局部水肿重，加之学前儿童对伤痛反应剧烈，容易引起脑水肿，比肢体烫伤要严重。

一旦有烫伤发生，首先，要除去被高温液体浸透的衣物。如果身上还沾有热粥、热菜等，要尽快擦去。其次，要清洁创面，即用生理盐水冲洗创面，再用 1：1000 的新洁尔灭菌溶液轻轻涂擦。处理完毕，对于一度烫伤，可在局部涂些獾油、烫伤膏等，一般 3 ～ 5 天可好转。对于二度烫伤，则用一层经消毒的油纱贴敷于创面上，上面盖上几层无菌绷带包扎，一般 10 ～ 14 天打开绷带，观察创面情况，必要时可再包扎一次。在做上述处理时，千万不能将水泡挑破，以免微生物从破损处侵入皮肤。三度烫伤在创面包上无菌绷带后，立即送医院处理。

（六）中暑、冻伤

中暑和冻伤都是在长时间处于气候环境极度变化的条件下发生的，且对学前儿童极易造成伤害。

1. 中暑

学前儿童长时间待在过热的房间内，或在无风的热天待于阴凉处，或长时间接受太阳的暴晒，均可能出现萎靡不振、面部发红、汗分泌过多、头痛、头晕、耳鸣、眼花、动作失调等症状，严重时患儿呼吸加速，脸色发白，失去知觉，此为中暑。

一旦发生中暑，应将患儿迅速移到阴凉通风处，解开衣扣，让其好好休息，并用冷毛巾敷头部等帮助他散热。若患儿能自己饮水，则可让他多喝一些清凉的饮料，盐汽水最佳，也可服十滴水、人丹。经上述处理后，较轻的中暑情况能够很快好转。

2. 冻伤

气温转低时或气温不是很低，但湿度较大或大风的情况下，身体裸露处或保护不好的部位，以及供血不足的地方，如鼻尖、耳朵、手、脚易受冻伤。皮肤血管遇冷收缩，血管内正常的营养和气体的运输遭到破坏，因而皮肤失去血色，产生揪痛或刺痛，随之则失去知觉。

冻伤也可分为三度。一度冻伤时，受热后冻伤部位有痛感，出现水肿，呈青紫色；二度冻伤时，在受伤处形成一些带血的浆液性水泡；三度冻伤时，出现皮肤坏死，有的也伤及深部组织。

一旦发生冻伤，首先应让患儿离开寒冷环境，用洗净的手来摩擦患儿身体的受伤部位，直到出现正常的肤色为止。用暖和的衣服将患儿受伤的部位包上，并让患儿做几节活动量大的体操，以加速恢复身体受伤部分的血液循环。等患儿暖和过来后，应尽量让其饮热牛奶、茶等，并查看冻伤部位。一度冻伤时，在冻伤部位涂上凡士林、蓖麻油等，并缠上绷带；二度冻伤时，不要挑破水泡，水泡上面涂上青霉素或链霉素软膏，再缠上绷带；三度冻伤时，在受伤部位缠上干燥的无菌绷带，并立即把患儿送医院处理。

（七）触电

学前儿童玩弄电器、开关或出于好奇将手指伸入插座中时会引起触电。室外的电线落地时，如果学前儿童捡拾或距离断落电线太近，也会触电。触电后轻者感到发麻，严重时不仅会引起烧伤，还能使呼吸、心跳骤然停止。

一旦发生触电事件，应尽快脱离电源，因为电流作用于人体时间越长，后果越严重。救护者切勿直接用手去拉触电人，应选择一个安全可靠的方法尽快切断电源。如果学前儿童摆弄电器开关、插座触电，要立即关闭电门，再将保险盒打开。如果学前儿童触及了室外断落的电线而触电，附近又找不到电闸，救护者穿上胶鞋，脚下垫干燥的厚木板或站于棉被上，用干燥的木棒、竹竿等绝缘工具将电线挑开；也可用干的绳子套在触电人的身上，将其拉出。脱离电源后，要立即对患儿进行检查，一旦发现呼吸、心跳停止，要迅速进行人工呼吸和胸外按压，抢救措施千万不可中断，直到将患儿送入医院。

（八）溺水

一旦发现有人溺水，要迅速实施他救。救护者（会游泳的人）要轻装上阵，尽量脱去衣服，至少要脱掉裤子，以免妨碍游泳。救护者快速游到溺水者附近，从溺水者的后方抓住他，并将其拖上岸，不要正面前去，以免被溺水者紧抱不放，造成双双下沉。

将溺水者从水中拖出后，应立即脱去或解开他身上的湿衣服，并用缠上清洁手帕或纱布的手指将其口、鼻内的淤泥、杂草清理干净，保持其呼吸道通畅无阻，然后将水从呼吸道和胃中排出。为了排空水，须用单膝支地，取半跪姿势，将溺水者横在另一膝上，使其头部下垂，然后小心地按其后背，压迫其胸。积水排除后，要把溺水者放在暖和的铺垫上，进行人工呼吸和胸外按压，在积极抢救的同时，尽快将其送到医院。

（九）动物造成的伤害

虫、蛇、疯狗以及黄蜂、蜜蜂等对儿童造成伤害在生活中是经常会发生的。由于居住地的不同，发生的情况也有所不同。

1. 蚊子叮伤

夏天蚊子较多，因而学前儿童常常会被蚊子叮伤。蚊子叮后可出现微肿、发红、发痒，有时痒得厉害，会使学前儿童变得不安，难以入眠。为了解痒，患儿会抓搔叮咬处，常常造成此处皮肤破损，进而造成感染，产生化脓性疾病。为了减轻发痒症状，要在被叮处涂上花露水等。为了防止蚊子叮咬，夏季一定要采取防蚊措施，如在学前儿童身体裸露处涂上驱蚊油等。

2. 蛇咬伤

被毒蛇咬伤后，蛇毒会很快扩散，危及生命。因此，一旦被蛇咬伤，要立即阻止蛇毒扩散，正确方法是：用带子或撕下衣服，捆扎伤口靠近心脏的一端（距伤口 5 厘米），以阻断淋巴、血流。紧接着用清水或盐水冲洗伤口，将留在表面的毒液冲掉。用刀片以伤口牙痕为中心，划个十字切口，并用手挤伤口，使毒液流出，也可用拔火罐或吸奶器把毒液吸出来。这样反复几次，使毒液流净，将结扎带子解开，迅速送医院治疗。为了避免被毒蛇咬伤，教师或家长不要带学前儿童到潮湿、低洼地散步，也不要带学前儿童去长满野草的地方和茂密的树丛中，更不要让他们在青草或稻草上玩耍和躺卧。

3. 疯狗咬伤

疯狗一般指患了狂犬病的狗，这种狗性情突变，狂躁易怒，变化无常，暴躁时常会咬人。被这种狗咬伤之后，狂犬病的病毒可经过伤口进入人体，沿神经传至大脑，在大脑处繁殖，经过十几天，甚至半年或一年后才出现症状。一旦被疯狗咬伤，要及时送医院处理，并报告当地公安机关，将疯狗抓获。

4. 黄蜂、蜜蜂蜇伤

学前儿童在蜂窝附近或花丛中玩耍时，有可能遭蜂蜇。蜂蜇后毒物进入学前儿童体内，会引起被蜇处表面皮肤红肿，并伴有剧烈疼痛，而后奇痒无比，以后症状慢慢消失。一旦遭蜂蜇后，首先要找到并取出昆虫的毒刺，然后在蜇伤处有针对性地涂些液体。黄蜂毒液呈碱性，可在伤口涂食醋等弱酸性液体；蜜蜂的毒液呈酸性，可在伤口涂淡碱水、肥皂水等弱碱性液体，以达到减轻疼痛和消除水肿的目的。若蜇伤后还伴有中毒症状，应立即送医院。

（十）晕厥

晕厥是指由于脑缺血而失去知觉。疲劳、兴奋过度、失血、饥饿、煤气中毒、闷热等都可能引起晕厥。晕厥发生前都有头晕、眼花、心慌等症状，继而眼前发黑、面色苍白、出冷汗、失去知觉，但很快能清醒过来。若学前儿童在室内晕厥，要立即打开通风窗，使室内有足够的新鲜空气流通。松开患儿的衣领、腰带，使其平卧，头稍微低些，腿部略高些，以使流向头部的血量增大。待患儿恢复知觉时，再给他喝些热饮料。若严重晕厥，除采取上述措施外，还应进行人工呼吸。如果患儿出现呕吐症状，则应将其头侧斜，使呕吐物从口中流出，不至于进入呼吸道。视情况，家长和幼儿教师等应及时将儿童送医。

（十一）鼻出血

鼻出血的原因很多，如外伤、某些全身性疾病、鼻黏膜干燥、鼻内异物等都可引起鼻出血。鼻腔中鼻中隔处的黏膜较薄，血管丰富，大多鼻出血都发生于此部位。鼻出血的程度不同，如短时间流几滴血或长时间的大量流血等。

一旦学前儿童鼻出血，应先让患儿坐下，保持安静，并为其松开衣领、腰带，让他头稍向后仰，并用拇指和食指紧紧地压住患儿的鼻翼，同时在额头或鼻梁处放上冷毛巾或冰块，一般压迫 5 ～ 10 分钟即可止住。若出血较多，用上述方法止不住，可用脱脂棉卷成鼻孔粗细的条状，塞入鼻腔。填塞的棉条不能太松，太松则达不到止血的目的。也可用麻黄素滴鼻液，因麻黄素有收缩血管的作用，有较好的止血效果。采用上述方法止血后，患儿 1 小时内不要打喷嚏、擤鼻涕、咳嗽，也不能做剧烈运动，否则堵塞血管的血块可能脱落，造成重新出血。若采取上述措施仍不能止血，则应把患儿送医院处理，并查明出血原因。

第四章　学前儿童生活常规与自理能力教育

第一节　学前儿童生活常规教育

生活常规是指幼儿园日常生活的规则，具体指幼儿园对于幼儿什么时候应进行什么活动，活动中应遵守什么要求，哪些事情应该做，哪些事情不应该做，活动要采取什么方式等方面的要求。幼儿教师应科学、合理地制定各项生活常规，要耐心细致、持之以恒地教育学前儿童遵守各项常规，以使幼儿园生活常规教育发挥应有的作用。

一、学前儿童生活常规教育的意义

（一）培养学前儿童的生活规律，养成良好行为习惯

由于幼儿园里的幼儿来自不同背景的家庭，有些幼儿生活作息没有规律，而幼儿园则是按照幼儿生理和心理的需要作出合理的一日生活安排，幼儿生活在其中，就能逐渐养成有规律的生活习惯和时间观念。例如，幼儿吃饭不讲话、上厕所不推挤等良好的行为习惯都是在幼儿园的一日活动中逐步养成的。

（二）帮助学前儿童适应幼儿园环境，学习在集体中生活

幼儿园一日生活活动虽是为满足幼儿自身需要进行的，但是在活动过程中，幼儿必须具备一定的知识技能，执行成人的要求和适应集体生活的规则，这样就能在自身需要和客观要求、主观能动性及外部条件的交互作用下，获得适应幼儿园环境的能力，并且不断学习怎样在集体中生活。

（三）培养学前儿童的自律能力，维持班级的秩序

自律是指控制自己并遵守一些共同规则的能力，幼儿通过遵守一日生活中的常规而逐渐培养这种自律能力。同时由于幼儿的这种自律能力，班级秩序得以维护，幼儿园的游戏活动和教育活动得以正常进行。

（四）增强学前儿童的安全感，有助于学前儿童健康成长

人在一个有规律的环境里生活才会感到安全，幼儿也是如此。合理的常规为幼儿创造了一种有序的、和谐的生活，使他们在心情愉快的情境中自然地形成一种符合其身心发展水平的规则意识和规范行为，使遵守规则成为幼儿的自主行为，同时促进幼儿身心健康发展。

二、学前儿童生活常规教育的目标

（一）总目标

学前儿童生活常规教育的目标是：让学前儿童懂得生活的基本知识、规则和技能，形成乐观的生活态度，培养良好的生活习惯，形成健康的生活方式，从而提高生活质量，促进身心健康发展。

（二）年龄阶段目标

学前儿童的生活常规体现在一日生活的方方面面，既包括规律的作息、饮食，又包括良好的个人卫生习惯，其年龄阶段目标可以参考如下：

1. 3～4 岁

（1）在提醒下，按时睡觉和起床，并能坚持午睡。

（2）喜欢参加体育活动。

（3）在引导下，不偏食、挑食。喜欢吃瓜果、蔬菜等新鲜食品。

（4）愿意饮用白开水，不贪喝饮料。

（5）不用脏手揉眼睛，连续看电视等不超过 15 分钟。

（6）在提醒下，每天早晚刷牙、饭前便后洗手。

2. 4～5 岁

（1）每天按时睡觉和起床，并能坚持午睡。

（2）喜欢参加体育活动。

（3）不偏食、挑食，不暴饮暴食。喜欢吃瓜果、蔬菜等新鲜食品。

（4）常喝白开水，不贪喝饮料。

（5）知道保护眼睛，不在光线过强或过暗的地方看书，连续看电视等不超过 20 分钟。

（6）每天早晚刷牙、饭前便后洗手，方法基本正确。

3. 5～6 岁

（1）养成每天按时睡觉和起床的习惯。

（2）能主动参加体育活动。

（3）吃东西时细嚼慢咽。

（4）主动饮用白开水，不贪喝饮料。

（5）主动保护眼睛。不在光线过强或过暗的地方看书，连续看电视等不超过30分钟。

（6）每天早晚主动刷牙，饭前便后主动洗手，方法正确。

三、学前儿童生活常规教育的内容与注意事项

（一）学前儿童生活常规教育的内容

学前儿童生活常规教育要使他们懂得有规律的生活有益于健康的道理，能自觉遵守作息时间和生活制度，培养良好的生活卫生习惯和文明礼貌习惯等。这里笔者从幼儿一日生活的各环节来分析学前儿童生活常规教育的内容。

1. 入园

（1）教育学前儿童入园时主动向周围的人问好，愉快地接受晨检。

（2）教育学前儿童在成人的指导下，整理好自己的物品，冬季要整理好帽子、围巾、手套等。

（3）教育学前儿童在晨间活动时保持良好的秩序，活动结束后自觉将玩具、图书等放回原处。

2. 如厕

（1）教育学前儿童集体如厕时有秩序，不拥挤。

（2）让学前儿童逐步做到大小便自理，能自己脱裤子，能自己擦屁股。

（3）教育学前儿童解便入池，解便时不弄湿自己或同伴的衣裤。

（4）教育学前儿童便后冲水，整理服装，用肥皂洗手。

（5）教育学前儿童有需要时主动如厕。

（6）教育学前儿童大小便有异常情况时主动告诉老师。

3. 盥洗

（1）教育学前儿童饭前、饭后、便后或手脏时，能自觉用正确的方法洗手。

（2）教育学前儿童有秩序地盥洗，不拥挤，不打闹，不玩水，保持衣服、地面干爽。

（3）教育学前儿童洗好后关紧水龙头，养成节约用水的习惯。

（4）教育学前儿童洗手后用自己的毛巾将手擦干，挂好毛巾。

（5）教育学前儿童饭后、加餐后及时漱口。

在教儿童洗手的正确方法时，教师应先采用分解示范讲解法，然后进行整体示范讲解，循序渐进地增加学习难度。此外，教师教会学前儿童正确的洗手方法后，还应让他们亲手操作，必须通过反复不断的操作练习，使他们形成习惯，把

生活常规转变为自觉的行为习惯。

4. 喝水

（1）教育学前儿童喝水前自觉洗手。

（2）教育学前儿童按要求接适量的水，安静地把水喝完。

（3）教育学前儿童用个人专用水杯喝水，喝完水把水杯放到原来的位置。

（4）教育学前儿童定时喝水，有需要时主动喝水。

（5）教育学前儿童剧烈运动后稍休息一会儿再喝水，饭前半小时少喝水。

5. 游戏或自由活动

（1）教育学前儿童积极参与游戏，爱惜玩具材料，遵守游戏规则，不发出噪音，不影响同伴。

（2）教育学前儿童选择自己喜欢的区角，与同伴商量后，自觉围靠区角再玩。

（3）教育学前儿童与同伴友好合作，主动想办法克服游戏中的困难。

（4）教育学前儿童活动后将玩具材料分类摆放整齐。

6. 进餐

（1）教育学前儿童协助老师分发餐具、点心。

（2）教育学前儿童专心进餐，不挑食、偏食，尽量不掉饭粒，保持桌面干净。

（3）教育学前儿童细嚼慢咽，饭菜搭配。

（4）教育学前儿童用餐中将骨头、残渣放到盘子里。

（5）教育学前儿童用餐后将餐具放到指定地点，主动擦桌子，整理好自己的桌面。

（6）教育学前儿童餐后正确使用毛巾擦嘴、脸，用凉开水漱口。

7. 睡眠

（1）教育学前儿童安静地进入寝室，有顺序地脱下鞋子、外衣，将衣服折叠整齐，摆放到指定地点。

（2）教育学前儿童保持正确睡姿，不蒙头睡，不趴着睡，不玩棉被、枕头，不影响同伴。

（3）教育学前儿童起床后，先穿好衣服，再穿好鞋子，整理好自己的仪表。

（4）教育学前儿童逐渐学会整理自己的床铺。

8. 教育活动

（1）教育学前儿童活动中保持端正的坐姿，专心倾听别人讲话，不随便插话，积极思考并大胆表述自己的想法，回答时声音响亮。

（2）教育学前儿童正确操作学具材料，爱惜物品，操作完放回指定地方并摆放整齐。

（3）教育学前儿童写、画时姿势正确，握笔姿势保持正确。

（4）教育学前儿童协助老师收拾、整理学具及材料。

（5）教育学前儿童拿椅子时，拿稳、放好，尽量保持安静。

9. 户外活动

（1）教育学前儿童整理好自己的服装参加活动，有序上下楼梯，不拥挤、不推搡。

（2）教育学前儿童做操时精神饱满，动作有力、合拍。

（3）教育学前儿童器械活动时正确使用活动器械，不争抢，活动后将玩具归类收放整齐。

（4）教育学前儿童主动擦汗，休息后自觉喝水。

（5）教育学前儿童活动中有自我保护意识，感觉不适时能主动告诉老师。

10. 离园

（1）教育学前儿童离园前整理好自己的仪表、物品，把椅子放在指定的地方。

（2）教育学前儿童按秩序排好队，有序下楼。

（3）教育学前儿童离园时能主动跟老师、小朋友说再见，跟家长一起离开幼儿园。

（二）学前儿童生活常规教育的注意事项

对学前儿童进行生活常规教育应注意以下要点。

1. 从实际出发，建立合理的生活常规

各幼儿园所处环境条件不同，幼儿在园中的生活也不尽相同，故应从本园的实际出发，建立正确、合理的生活常规。生活常规建立在一日生活各环节。合理的生活常规是幼儿可操作的，有助于幼儿顺利进行生活活动，应避免不合理的常规对幼儿的束缚。

2. 在生活活动中坚持一贯性、一致性和灵活性

教师应在每日重复进行的一日生活常规中培养幼儿良好习惯和自理能力。保教人员应将习惯与能力的培养长期坚持下去，对幼儿有一致性的要求，还应视环境及幼儿个体的状况灵活对待，不宜强求。

3. 日常生活活动是施教的机会

每天的生活活动占据了幼儿在幼儿园中大部分时间，幼儿教师要抓住时机对幼儿实施保育和教育，以促进保教目标的实现。

4. 日常生活活动中的保育与教育，需要保育员与教师的默契配合

在各种生活活动中保教人员的分工责任要明确、具体，创造好条件，让幼儿去做他们能做的事。教师通过示范、帮助、要求与鼓励，让幼儿逐渐适应生活常规，逐渐自立，养成生活有序、生活自理的好习惯，为进入小学做好准备。

四、学前儿童生活常规教育的途径

（一）渗透到一日生活中

保教人员应深刻认识到培养幼儿良好的生活规律及良好行为习惯的重要意义，要尽量避免单一、死板的说教式教育，运用启发、诱导的方法，将教育内容渗透幼儿园一日生活的各个环节，通过潜移默化的影响，使幼儿逐渐形成良好的生活习惯。生活常规教育具有长效性，良好生活习惯的形成需持之以恒。因此，保教人员要坚持有规律地、日复一日地进行生活常规教育，以帮助幼儿逐渐形成固定的生活方式和习惯。

（二）开展适宜的教学活动

幼儿园应有计划、有目的、有组织地开展生活常规教育活动，帮助幼儿形成良好的生活习惯。主要方法有示范讲解法和亲手操作法。

（三）开展有针对性的引导教育

1. 集中训练

在集体生活中，生活常规是每个幼儿都必须遵守的，否则就会给集体带来不良的影响。因此，生活常规知识和技能往往通过集中训练的方法进行传授。

2. 个别指导

由于个体差异的存在，教师必须通过个别指导使每位幼儿都能掌握相应生活常规教育的要求。在生活常规教育中，集中训练与个别指导不可分割，必须结合使用。

3. 随机教育

随机教育法就是利用偶发事件进行及时、灵活的教育。幼儿年龄小、认知水平低、生活经验少且个体差异显著，常会出现意外事件。因此，在日常生活中常常需要运用随机教育法进行教育。

随机教育法的关键是“发现”，要求教师有灵敏的反应能力，善于捕捉和利用偶然的、短暂的、稍纵即逝的教育时机。随机教育的契机很多，涉及生活规则、生活常识、生活技能、个性表现等多方面。

随机教育的方法多种多样，要针对不同的事件，运用不同的方法进行相应的处理。

（四）充分发挥教育合力

对幼儿的生活常规教育应充分发挥幼儿园、家庭、社区“三位一体”的整体教育合力。《纲要》指出，“家庭是幼儿园重要的合作伙伴，应本着尊重、平等、合作的原则，争取家长的理解、支持和主动参与，并积极支持、帮助家长提高教育能力”。

总之，培养幼儿良好的生活、行为习惯，需要家园双方相互配合、长期坚持。另外，社区是一个浓缩的小社会，蕴藏了丰富的教育资源，应注重对其进行开发和利用。

第二节　学前儿童自理能力教育

著名教育家陈鹤琴先生提出“凡是儿童自己能做的，应当让他自己做”。《纲要》中也明确指出“要培养幼儿具有基本的生活自理能力”。

生活自理能力是指学前儿童在日常生活中照料自己生活的自我服务性劳动的能力，这是个体独立性发展的第一步，是个体最基本的生活技能及生存能力的具体体现，学前期是学前儿童形成生活自理能力的重要时期。因此，学前儿童生活自理能力的培养对其环境适应能力的提高及身心的全面健康发展极为重要。幼儿园是除了家庭之外培养学前儿童生活自理能力最重要的场所，教师的教育直接影响学前儿童生活自理能力的水平。

一、学前儿童自理能力教育的意义

（一）有利于学前儿童的身体健康

自理能力是每个人都必须掌握的生活基本技能，有利于身体健康。举例来说，一个需要家长喂饭的孩子，注意力往往不在吃饭上，边吃边玩，胃肠的消化功能就会受影响，久而久之，身体机能必然失调。相反，一个自主吃饭的孩子，对进餐有兴趣，心情愉快，食物在胃肠里消化得好，身体自然健康。

（二）有利于培养学前儿童独立自信的性格

培养学前儿童的自理能力，使他们逐渐摆脱对成人的依赖，改变“衣来伸手、饭来张口”的习惯，在生活中能够“自己的事情自己做”，养成独立自主的意识和习惯，这对于学前儿童独立自信性格的养成具有重要意义。

（三）有利于培养学前儿童良好的劳动习惯

学前儿童自理能力的培养是一项长期、细致的工作，这方面的教育多是在日常生活中进行。学前期是学前儿童良好习惯养成的关键时期，这一时期让他们形成自我服务意识，也是他们养成良好劳动习惯，不懒惰、不依赖人的关键时期。

二、学前儿童自理能力教育的目标

（一）总目标

学前儿童生活自理能力教育的目标是“健康领域”中的重要目标，要求学前儿童具有基本的生活自理能力，主要包括以下三个方面：

（1）培养学前儿童勤盥洗的习惯，如会用正确的方法洗手、洗脸，并做到早晚自己刷牙，学会自理大小便等。

（2）培养学前儿童自我照顾的能力，如能自己用餐具进餐，能穿脱衣服和鞋袜，知道根据冷热增减衣服，会自己系鞋带等。

（3）培养学前儿童整理生活用品与学习用品的能力，如能将玩具和图书放回原处，能整理自己的物品等。

（二）年龄阶段目标

学前儿童各年龄段的生活自理能力目标如下：

1. 3～4岁

（1）在帮助下能穿脱衣服或鞋袜。

（2）能将玩具和图书放回原处。

2. 4～5岁

（1）能自己穿脱衣服、鞋袜、扣纽扣。

（2）能整理自己的物品。

3. 5～6岁

（1）能知道根据冷热增减衣服。

（2）会自己系鞋带。

（3）能按类别整理好自己的物品。

三、学前儿童自理能力教育的内容与方法

学前儿童在幼儿园一日生活有很多练习和锻炼自理能力的机会，因此，幼儿教师应抓住这些机会，锻炼学前儿童更多方面的生活自理能力。这里笔者列出以下五个方面教育内容。

（一）自主盥洗

1. 洗手

让学前儿童学习用正确的方法洗手。例如，先卷起袖子，淋湿双手，再打肥皂搓洗。

为了引起学前儿童的兴趣，教师可以借助有趣的儿歌，以游戏的形式边玩边

做，带领小班、中班幼儿学习打肥皂洗手，洗手以后教师可以和幼儿一起讨论：如果不洗手会有什么后果？

2. 洗脸

在寄宿制幼儿园，洗脸是幼儿生活必不可少的一个环节，在日托幼儿园，幼儿脸脏了或天气很热时洗脸也是必要的，因此，教师要教学前儿童用正确的方法洗脸。

教师可以通过示范让学前儿童了解按顺序洗脸的好处，前额、眼角、鼻孔、口周围、下巴、鼻子等处都是幼儿洗脸时容易遗忘的地方，教师应及时提醒幼儿。

3. 刷牙

刷牙是预防学前儿童龋齿的主要途径。在寄宿制幼儿园，每天早晚刷牙必不可少，教师有必要教会学前儿童正确的刷牙方法。

幼儿教师在指导学前儿童练习刷牙时暂不使用牙膏，采用边说儿歌边做示范的方式，用牙齿模型带领幼儿学习正确的刷牙方法，还可以用讲故事、观察漱口水等方法，让幼儿了解刷牙的重要性，提高幼儿主动保护牙齿的意识。

4. 漱口

漱口是保持口腔清洁的常用方法，教师可以运用有趣的儿歌及直观形象的图片，教会学前儿童掌握正确的漱口方法，帮助他们养成饭后漱口的好习惯。

（二）独立进餐

1. 用勺子

学前儿童初学用勺子吃饭时，教师不要过分强调握勺姿势，也不要强迫学前儿童必须用右手拿勺，否则会影响他们的食欲。教会学前儿童正确使用小勺的方法是一个循序渐进的过程，要慢慢引导。等幼儿掌握用勺吃饭的方法后，教师再进一步规范拿勺的姿势。针对小班个别不能独立用餐的幼儿，教师可以准备两把小勺，边演示边讲解边用小勺喂幼儿，保证幼儿吃饱。

2. 用筷子

用筷子不仅锻炼幼儿的手指灵活性，还有“健脑益智”的作用，学用筷子是中国儿童的必修课程，但是使用筷子需要一定的技巧，学习起来难度比较大，需要教师有足够的耐心，指导学前儿童按需要学习，不可强迫，不可急于求成。

3. 剥皮

教师教会学前儿童剥一些带皮的食物，不但能培养学前儿童的用餐自理能力，还能提高他们的用餐兴趣。例如，学前儿童自己剥橘子、香蕉的果皮，自己剥鸡蛋皮，撕去蛋糕的包装纸等都会让他们有成就感，吃这些食物时会倍感香甜。

（三）如厕后的自理

教师要教会学前儿童大便后自己擦屁股、提裤子、冲厕、洗手。在教育过程中，教师要根据情况灵活掌握，对于小班的幼儿，可以鼓励并引导他们自己擦屁股，但是对于确实有困难的幼儿，教师要提供帮助。此外，教师要通过讲故事、说儿歌、集体讨论等多种方式引导学前儿童知道有规律大便、便后及时洗手对身体健康的好处。

（四）穿脱衣物

能独立穿脱衣服和鞋袜是学前儿童自理能力发展的重要表现。学前儿童随着年龄的增长，自理能力会逐渐增强，但是对于小班幼儿来说，由于手部精细动作的控制力仍未充分发育，还需要教师的协助；对于中班幼儿，教师应教他们用正确的方法穿脱衣服和鞋袜；大班幼儿还要学习自己扣纽扣、拉拉链、系鞋带等。

（五）整理物品

1. 整理餐桌餐具

教师可以为学前儿童准备集中放置餐具的小桌子、餐车或盆子，指导他们用餐后将餐具轻轻放在指定位置，并能够倒掉食物残渣，将自己的桌子擦干净。

这部分教育内容教师可结合其他领域的目标来进行。例如，餐具分类放置（数学领域），厨余垃圾的处理（社会领域）等都可以在锻炼学前儿童自理能力的同时，增长知识，提高环保意识等。

2. 整理小床

对于中班和大班幼儿，午睡起床后，教师可以教他们自己叠好小被子，把床单和枕头整理好。教师应根据每个学前儿童的具体发展情况，边示范边讲解、指导，对于需要帮助的幼儿，要耐心协助，多教几次，不可操之过急。

3. 整理活动区

教师可以与学前儿童共同设计玩具摆放的位置，在玩具箱上贴上标记，便于幼儿取放。同时，学前儿童在收拾整理物品时也能练习简单的分类、对应与排序。

需要注意的是，活动区收放玩具的标志可根据幼儿不同年龄的特点和教学目标，体现不同的形式与内容。例如，小班可以结合一一对应、点数、颜色认知等教学目标；中班可结合对整体与部分的认知、图形等；大班除融入认知目标外，还可根据认知发展水平提供玩具收放图片，引导幼儿通过观察图片中玩具的摆放形式，整理活动区玩具。

四、学前儿童自理能力教育的注意事项

学前儿童自理能力教育是一个综合实施、整体影响的过程，所以在教育过程中，应当注意以下三个方面问题。

（一）长时间坚持

学前儿童自理能力的培养不是一天两天就可以形成的，它是一个逐渐养成、不断巩固提高的过程，所以需要教师有耐心，持之以恒。此外，教师要注意不能用“催、管、斥、责”的教育方法，应采用多鼓励、多诱导的方法，尤其是当幼儿出现失误或者显得“笨拙”时，应避免过多的责怪，以免损伤儿童的自尊心和自信心。

（二）统一要求

在培养学前儿童自理能力的过程中，对学前儿童有统一的要求是十分重要的。这里的“统一”主要体现在教师之间的一致性，教师和保育员之间的一致性，以及家庭与幼儿园之间的一致性上。统一的规则要求便是增加了学前儿童多次练习的机会，而模棱两可或者频繁的变化会使他们无所适从，不知该怎么办，训练达不到理想效果。

（三）注重榜样的作用

同伴的影响对于学前儿童来说是一种强有力的力量，同伴之间的讨论、商量、模仿、争辩往往是学前儿童获取信息、调节行为的重要依据。因此，教师应经常对个别学前儿童进行表扬或批评，让幼儿通过相互沟通来学习和调整自己的行为。

第五章　学前儿童交往的发展

第一节　依恋与独立性的发展

一、学前儿童的依恋

依恋是由英国心理学家鲍尔比（J.Bowlby）最先提出的一个心理概念，是指婴儿与母亲（或能够代理母亲的人）之间所形成的由爱联结起来的永久性心理联系。有关的研究认为，依恋突出表现为三个特点：一是依恋对象比任何别的人更能抚慰婴儿；二是婴儿更多趋向依恋目标；三是当依恋对象在旁时，婴儿较少害怕。当婴儿害怕时，更容易出现依恋行为，他寻找依恋对象，以获得安全感。

（一）依恋的发展阶段

依恋不是突然发生的，依恋的性质也是有所不同的。根据心理学家，特别是鲍尔比、艾斯沃斯（M.Ainsworth）等人的研究，依恋是婴儿在同母亲较长期的相互作用中逐渐建立的，其发展过程包括以下四个阶段：

1. 无差别的社会反应阶段（出生至 3 个月）

这个时期的婴儿对人反应的最大特点是不加区分、无差别的反应。婴儿对所有人的反应几乎是一样的，喜欢所有人，喜欢听到所有人的声音，喜欢注视所有人的脸，看到人的脸或听到人的声音都会微笑，手舞足蹈。同时所有人对婴儿的影响也是一样的，他们与婴儿的接触，如抱他、对他说话，都能引起他高兴、兴奋，都能使他感到愉快、满足。此时的婴儿还没有对任何人（包括母亲）的偏爱。

2. 有差别的社会反应阶段（3 ～ 6 个月）

这时婴儿对人的反应有了区别，对人的反应有所选择，偏爱母亲，对母亲和他所熟悉的人及陌生人的反应是不同的。这时的婴儿在母亲面前表现出更多微笑、牙牙学语、依偎、接近；而在其他熟悉的人，如其他家庭成员面前这些反应则相对少一些；对陌生人这些反应就更少，但是此时依然有这些反应。

3. 特殊的情感联结阶段（6 个月～ 2 岁）

从 6 ～ 7 个月开始，婴儿对母亲的存在更加关切，愿意与母亲在一起，与母亲在一起时特别高兴，而当母亲离开时则哭喊，不让母亲离开，别人还不能替代母亲使婴儿快乐。当母亲回来时，婴儿马上变得十分高兴。同时，只要母亲在他身边，婴儿就能安心地玩、探索周围环境，好像母亲是其安全的基地。这一切显示婴儿出现了明显的对母亲的依恋，形成了专门的对母亲的情感联结。与此同时，婴儿对陌生人的态度变化很大，见到陌生人，大多不再微笑、牙牙学语，而是紧张、恐惧甚至哭泣、大喊大叫，产生怯生感。

4. 目标调整的伙伴关系阶段（2 岁以后）

2 岁后，幼儿逐渐认识并理解母亲的情感、需要和愿望，知道她爱自己，不会抛弃自己，并知道交往时应该考虑她的需要和兴趣，据此调整自己的情绪和行为反应。此时与母亲的空间上的临近性逐渐变得不那么重要。比如，当母亲需要做别的事情，要离开一段时间时，幼儿会表现出理解，而不是大声哭闹，他可以自己较快乐地在一边玩或通过言语、目光与母亲交谈，相信一会儿母亲就会回来。

（二）依恋的类型

在对母子依恋的研究中，艾斯沃斯等人的实验研究最有影响力。艾斯沃斯等利用实际情境中婴儿对陌生情境的反应，把依恋分为三种类型：

1. 安全型依恋

这类婴儿与母亲有安全的情感联系。当与母亲在一起时，能安逸地操作玩具，并不总是依偎在母亲身旁，只是偶尔靠近或接触母亲，更多的是用眼睛看母亲、对母亲微笑或与母亲有距离地交谈。母亲在场使婴儿感到足够的安全，能在陌生的环境中进行积极的探索和操作，对陌生人的反应也比较积极。当母亲离开时，婴儿的操作、探索行为会受到影响，婴儿明显表现出苦恼、不安，想寻回母亲。当母亲回来时，婴儿会立即寻找与母亲的接触，并且很容易平静下来，继续做游戏。这类婴儿占 65% ～ 70%。

2. 回避型依恋

这类婴儿对母亲在不在场都无所谓。母亲离开时，他们并不表示反抗，很少有紧张、不安的表现；当母亲回来时，也往往不予理会，表示忽略而不是高兴，自己玩自己的。有时也会欢迎母亲回来，但时间非常短。实际上，这类婴儿对母亲并未形成特别密切的感情联结，所以，有人把这类婴儿称为无依恋婴儿。这类婴儿约占 20%。

3. 反抗型依恋

这类婴儿在母亲要离开前就显得很警惕，当母亲离开时表现得非常苦恼、极度反抗，任何一次短暂的分离都会使这类婴儿大喊大叫。但是当母亲回来时，其对母亲的态度又是矛盾的，既寻求与母亲的接触，同时又反抗与母亲的接触，当母亲亲近他，比如抱他时，他会生气地拒绝、推开，但是要他重新回去做游戏似乎又不太容易，不时地朝母亲处看。所以，这种类型的依恋又常被称为矛盾型依恋。这类婴儿占 10% ～ 15%。

在这三类依恋中，安全型依恋是积极依恋，回避型依恋和反抗型依恋均属于消极的不安全型依恋。

（三）不同依恋类型婴儿的母亲的特点

安全型婴儿的母亲的特点：

（1）对婴儿发出的各种信号、需要非常敏感，并给予迅速的反应。

（2）主动调节自己的行为以适应婴儿。

（3）充满感情地、积极地表达情绪，与婴儿的接触总是充满爱意。

（4）积极鼓励婴儿探索周围环境和事物，并在他们需要的时候为他们提供帮助和保护。

（5）喜欢与婴儿进行密切的身体接触，如搂、抱、亲吻婴儿，并从中感到快乐和喜悦。

回避型婴儿的母亲的特点：

（1）对婴儿所发出的各种信号及需要不敏感，常不能及时意识到或忽视，更谈不上做出迅速的反应。

（2）与婴儿的密切身体接触很少，对孩子没有兴趣，不喜欢与婴儿的密切身体接触。

（3）对婴儿常常不是充满感情的，而是怒气冲冲，经常以生气、发火的方式对待孩子。

反抗型婴儿的母亲的特点：

（1）好像对婴儿感兴趣，也愿意接触婴儿甚至进行密切的身体接触。

（2）对婴儿的信号、需要常常错误理解，或捉摸不定，无法做出及时、恰当的反应。

（3）对待婴儿的行为、态度多变，不稳定，对婴儿的态度与方式依赖于自己的心境、情绪。

二、学前儿童的亲子关系

亲子关系，也叫作亲子交往，是指父母与子女的关系，也可以包含隔代亲人的关系。狭义的亲子关系是指幼儿早期与父母的情感联系，即依恋。它是儿童早期生活中最主要的社会关系，对于儿童个性的发展具有不可替代的作用。其中，影响儿童个性形成和发展的直接因素就是父母的教养方式。

针对父母的教养方式，美国心理学家戴安娜·鲍姆林德（Diana Baumrind）提出了两个维度，即要求和反应性。“要求”是父母对子女的期望，即父母是否对孩子的行为建立适当的标准，并坚持要求孩子达到这些标准。“反应性”是父母对儿童行为的反馈，即父母对孩子接受的程度及对孩子需求的敏感程度。

根据这两个维度，鲍姆林德把父母的教养方式分为三类：

（一）权威型

权威型父母认为自己在孩子心目中应该有权威。但这种权威来自父母对孩子的理解与尊重，来自他们与孩子的经常交流及对子女的帮助。这是一种理性且民主的教养方式。父母以积极肯定的态度对待儿童，及时热情地对儿童的需要、行为做出反应，尊重并鼓励儿童表达自己的意见和观点。同时，他们对儿童有较高的要求，对儿童不同的行为表现奖惩分明。

这种高控制且在情感上偏于接纳和温暖的教育方式，对儿童的心理发展产生积极的影响。这种教养方式下的儿童独立性强，善于自我控制和解决问题，自尊感和自信心较强，喜欢与人交往，对人友好。

（二）专制型

专制型父母则要求孩子绝对地服从自己，希望子女按照他们设计的发展蓝图成长，希望对孩子的所有行为都加以保护监督。这一类也属于高控制型教养方式，但在情感方面与权威型父母有显著的差异。这类父母常以冷漠、忽视的态度对待儿童，他们很少考虑儿童自身的要求与意愿。对儿童违反规则的行为表示愤怒，甚至采用严厉的惩罚措施。

这种教养方式下的儿童大多缺乏主动性，容易胆小、怯懦、畏缩、抑郁，自尊感与自信心较弱，不善于与人交往。

（三）放任型

放任型父母和权威型父母一样对儿童报以积极肯定的情感，但缺乏控制。父母放任儿童自己做决定，即使他们还不具有这种能力，例如，任由儿童自己安排饮食起居，纵容儿童贪玩、看电视。父母很少向孩子提出要求，例如既不要求他们做家务事，也不要求他们学习良好的行为举止；对儿童违反规则的行为采取忽视或接受的态度，很少发怒或者训斥儿童。

这种教养方式下的儿童大多不成熟，自我控制能力差，往往具有较强的冲动性和攻击性，而且缺乏责任感，合作性差，很少为别人考虑，自信心不足。

三、学前儿童的师幼交往

师幼关系是指教师在教育教学和儿童交往的过程中形成的比较稳定的人际关系。与亲子关系、同伴关系等幼儿的其他社会关系相比，师幼关系的特殊之处在于它蕴含着教学的因素，具有“教学关系”这一特点。然而，师幼关系从根本上来说仍是一种人与人之间的具有情感色彩的人际关系。

（一）教师在师幼交往中的地位

幼儿进入幼儿园后，活动重心就从家庭转移到幼儿园，教师就成为幼儿在家庭以外接触最多的成年人，这时，师幼关系开始建立。

教师在幼儿心目中具有很高的威望，教师自身的言行、对幼儿的态度、工作能力和教学内容，都对幼儿心理产生了重大影响。

因此，为了促进幼儿社会性的发展，教师要尽可能多地与幼儿交往，了解他们的性格特征、行为特点和家庭状况，帮助他们克服交往上的障碍，培养他们对集体活动的兴趣和遵守规则的习惯。

（二）良好师幼关系的特征

1. 平等性

师幼主体间的交往应是完整意义上的个体（真正意义上的“人”）之间彼此尊重、彼此倾听、彼此信任、相互理解、相互启迪、共同分享的平等交往。

2. 发展性

师幼主体间的交往应不断形成新的“视界”，不断达到“视界融合”，促进师幼双方特别是幼儿的认知、社会性及个性各方面发展。

哲学上的“视界”，是指一个人从立足点出发所能看到的一切。由于“视界”的不断运动，当“视界”与其他“视界”相遇、交融时，就形成新的理解，即“视界融合”

3. 交互性

在教育活动中，师幼主体间的交往中每一方都作为整体性的存在而离不开对方，双方在这种全方位的交往中相互作用、相互交流、相互理解，不断重构原有的知识结构和认知水平。

4. 共享性

“共享”是指教师和幼儿作为独立的主体相遇、相知，互相理解，并且共同在教学中摄取双方创造的经验和智慧。

（三）建立良好师幼关系的策略

1. 尊重幼儿作为一个“人”的完整人格和权利

幼儿是发展中的个体，教师要了解他们身心发展的规律，尊重他们的能力和个性，尊重幼儿作为一个独立的社会成员的尊严和权利，创设一个平等、民主、宽松的教育环境。

2. 关心爱护幼儿，悉心呵护幼儿

关爱幼儿是对幼儿教师的基本要求，只有在关爱幼儿的基础上才能与幼儿建立良好的关系。

3. 经常与幼儿交谈，建立平等“对话”关系

教师应在日常生活中就幼儿感兴趣的事物、话题与幼儿平等、真诚地交谈。

4. 适时参与幼儿的活动，营造民主气氛

师幼关系是以教师与幼儿之间一定的互动或交往活动为基础的。教师应该积极参与幼儿自主的活动中。在幼儿自主活动中，教师不仅是一个指导者、顾问，也是一个玩伴，体现着民主、平等的人与人之间的关系。

5. 与幼儿建立良好的个人关系

教师与个别幼儿的关系，尤其是与班级里较为典型、特殊的幼儿的关系，常常会影响教师与其他幼儿之间的关系，教师应该设法与个别幼儿建立良好的个人关系，并以此影响与其他幼儿的关系。

6. 积极回应幼儿的社会性行为

教师认真观察幼儿的行为、倾听幼儿的心声并及时给予回应，是建构积极、良好的师幼关系的基础。

第二节　同伴关系的发展

同伴关系是儿童在早期生活中，除亲子关系、师幼关系之外的又一重要社会关系。同伴关系是儿童在交往过程中建立和发展起来的一种儿童间特别是同龄人间的人际关系，它存在于整个人类社会。区别于亲子关系、师幼关系，同伴关系体现平等的交往。

一、同伴交往的作用

许多心理学家都曾指出，儿童之间的交往是促进儿童发展的有利因素，同伴关系对于健康的认知和社会性发展非常重要。大量研究表明，同伴关系有利于儿童社会价值的获得、社会能力的培养以及认知和健康人格的发展。

（一）同伴交往有利于儿童形成积极的情感

马斯洛认为，归属和爱以及尊重的需要是人类的基本需要。儿童除在亲子关系中能够获得这种需要的满足之外，还可以从一般的同伴集体中获得。学前儿童在与同伴交往时，经常表现出更多的、更明显的愉快、兴奋和无拘无束的交谈，并且能够更轻松、更自主地投入各种活动。同时，良好的同伴关系能成为儿童的一种情感依赖，对学前儿童具有重要的情感支持作用。实验研究表明，当儿童面临陌生或恐怖情境时，同伴（一个好朋友）在场可以起到与父母同样的作用，助其消除紧张和压抑。

（二）同伴交往有利于儿童认知能力的发展

同伴交往为儿童提供了大量彼此协商、相互讨论的机会，有助于儿童拓展知识，丰富知识储备，发展思考、操作和解决问题的能力。儿童在与同伴的交往中，逐渐学会与同伴相处，认识别人，了解别人，理解别人，约束自己，改变自己不合理的想法和行为模式，克服认知上的自我中心状态。这些都能促进儿童认知能力的发展。

（三）同伴交往有利于儿童自我评价和自我调控系统的发展

同伴交往为儿童的自我认知和自我评价提供了有效途径。学前儿童对自己的认识一方面源于自己，另一方面源于他人，同伴既可以给儿童提供关于自我的信息，又可以作为儿童与他人比较的对象，儿童在将自己与同伴比较的过程中形成对自我的评价。这是儿童最初的社会性比较，它为儿童形成积极的自我概念打下了坚实的基础。

同伴交往为儿童对行为的自我调控提供了丰富的信息和参照标准。儿童在交往中的不同行为往往会招致同伴的不同反应，如打人或抢别人的玩具会导致同伴的拒绝或逃避，而善意和分享玩具则换回的是友好和合作。通过同伴不同的反应，儿童既可以了解自己行为的结果与性质，又可以了解自己是否为他人所接受，并认识到调整自己行为的必要性与必须调节、控制哪些行为，从而进一步调控自己的有关行为。

（四）同伴交往有利于儿童社会性的发展

与亲子关系不同，在同伴关系中，交往双方处于平等地位，儿童需要特别关注对方的反应和态度，并增强自己行为的表现性和反应灵活性，以保证顺利实现双方的信息交流，完成交往活动。因此，在同伴交往中，一方面，儿童做出社交行为，如微笑、请求等，从而尝试、练习自己已经学会的社交技能和社交策略，并根据对方的反应做出相应的调整，不断熟练、巩固和积极参与；另一方面，儿童在交往中通过观察对方的社交行为而学习、尝试新的社交手段，从而丰富自身的社交行为，使之在数量和质量上都得到更进一步的发展。另外，同伴交往中同伴的反馈更真实、自然和及时。

二、同伴关系的测量方法和类型

（一）社会测量法：同伴关系测量的重要手段

研究幼儿同伴关系可以运用社会测量法。社会测量法是美国社会学家、心理学家莫里诺（J.L.Moreno）提出的。莫里诺在分析人际关系时所使用的社交测量法至今仍影响现代社会网络定量分析的发展。

社会测量法是测量幼儿在团体中地位与影响力的一种方法，通过该方法可以了解幼儿的社会交往能力与同伴关系。社会测量法主要有以下三种。

1. 同伴提名法

同伴提名法是最基本、最主要的一种社会测量法，其基本实施方法是：让被试者根据某种心理品质或行为特征的描述，从同伴团体中找出最符合这些描述特征的人。比如，研究者以“喜欢”或“不喜欢”为标准，让幼儿说出班上他最喜欢或最不喜欢的三个小朋友的名字，然后对研究结果进行一定的技术处理，并作出解释。

提名法测量的基本原理是：儿童同伴之间的相互选择，反映了他们之间心理上的联系。肯定的选择意味着接纳，否定的选择意味着排斥。同伴之间在一定标准上所进行的肯定性或否定性选择，实际上反映了同伴之间的人际关系状况。这样，通过分析同伴的选择结果，就可以定量地测量儿童同伴间的关系。

2. 同伴行为描述法

它实际上是一种结构化的提名程序。“班级戏剧”是其中的重要方法：幼儿假想自己是戏剧导演，将同伴“对号入座”地分派一系列积极或消极角色，如可以问儿童：“如果要演一个领导能力强的角色，你认为你们班上谁最合适？”

3. 同伴评定法

它要求每个儿童根据具体化的量表对同伴群体内其他所有成员进行评定，如让儿童回答：“你在多大程度上喜欢和这位同学（同班）一起学习（或一起玩）？”并且给出一个“喜欢—不喜欢”的评定量表。

（二）同伴交往的类型

庞丽娟采用“提名法”对 4 ～ 6 岁儿童同伴交往的类型进行研究，得出了以下四种同伴交往的类型，即受欢迎型、被忽视型、被拒绝型和一般型。

1. 受欢迎型

该类型儿童大多外向，是天生的领导者，喜欢与人交往，在交往中积极主动，且常常表现出友好、积极的交往行为，因而受到大多数人的接纳和喜爱，在同伴中享有较高的地位，具有较强的影响力。

2. 被忽视型

该类型儿童在社交上总是懒惰的，常常独处或一人活动，在交往中表现得退缩或畏惧；多为较安静、内向、守规矩者。他们既很少对同伴表现出友好合作的行为，也很少表现出攻击性行为，因此，既没有同伴主动喜欢他们，也没有同伴主动排斥他们，他们不会也不敢为自己争取表现的机会，以致被同伴甚至教师忽视。

3. 被拒绝型

该类型儿童在交往中活跃、主动，但常常采取不友好的交往方式，如抢夺玩具、推打小朋友、大声叫喊、强行加入其他小朋友的活动等，攻击性行为较多，友好行为较少，因而常常被多数幼儿所排斥、拒绝，在同伴中地位低，与同伴关系紧张。这类型幼儿也是最容易受伤和伤害别人的。

4. 一般型

该类型儿童在同伴交往中表现一般，有的同伴喜欢他们，有的不喜欢他们，他们既非为同伴特别地喜爱、接纳，也非为同伴特别地忽视拒绝，在同伴心目中的地位一般。

根据庞丽娟的研究，上述四种基本类型中，被拒绝型幼儿约占 14.31%，被忽视型幼儿约占 19.41%，受欢迎型幼儿约占 13.33%，一般型幼儿约占 52.95%。前两类属于不受欢迎型，而这两类儿童之间也有区别：被拒绝型儿童是很不受欢迎的，而被忽视型儿童可能不被欢迎，但未必不受喜欢。

从发展的角度看，在 4 ～ 6 岁范围内，随着儿童年龄的增长，受欢迎型儿童人数增加，而被忽视型儿童和被拒绝型儿童的人数减少。在性别维度上，受欢迎型儿童中，女孩人数明显比男孩多；被拒绝型儿童中，男孩人数明显比女孩多；被忽视型儿童中，女孩人数又比男孩多，但男孩也占有一定比例。

三、教师指导幼儿改善同伴关系的方法

针对同伴关系中处于被忽视和被拒绝地位的幼儿，教师要掌握适当的指导方法，改善其同伴关系。需要注意的是，一些幼儿之所以被忽视，与教师不适宜的教育行为有很大关系。有些教师眼里只有“优秀”幼儿，很少关注发展较慢的幼儿，导致发展较慢幼儿被忽视。

1. 被忽视者

对于这类幼儿，教师不仅不能忽视他们，还要以多种方式来帮助他们。

例如：

（1）鼓励其勇敢地表达自己的意见或参与同伴的讨论和游戏。

（2）给其表现的机会，如帮老师做事（分发美工纸、蜡笔等），或在午餐时帮助教师分发碗筷。

（3）引导较活泼的同伴带领这类幼儿一起活动。

（4）主动关心或给予特别的注意，发掘其才能，让其展现或耐心等待其表现的意愿，引起同伴的注意。

（5）以游戏的方式鼓励其参与活动。

（6）与家长交流以了解幼儿的家庭状况与其在家的表现。

教师要经常注意被忽视幼儿，肯定其能力及聪明才智，并给予口头表扬，使其增强自信心，重新认识自己，改变同伴对他们的看法。同时，被忽视幼儿也需要学习适宜的社会技巧，如主动提供帮助、表现友善的微笑、主动接近兴趣相同的同伴等，这些技巧都可以通过教师的指导、演练而获得。此外，教师还要使幼儿懂得不是每个人都一定会在任何时间、地点被任何人所接受，偶尔被拒绝并没有关系，还有其他的选择或可以再继续努力。如果是来自家庭的问题，就需要教师与家长共同解决。

2. 被拒绝者

对于这类幼儿，因其特质较多样化，教师辅导的方式也因幼儿的个别差异而有所不同。例如：

（1）建议幼儿保持整洁的外表。

（2）个别谈话，分析其受排斥的原因，提醒其自我约束，并指导与人相处的技巧。

（3）赞美其优点，加强其自信心。

（4）安排被拒绝者与受欢迎者一起玩游戏，以起到潜移默化的作用。

（5）给予他们为班级服务的机会，并当众夸赞其良好行为，帮助其获得同伴的认同，被同伴接纳。

（6）以角色扮演、小团体活动方式让幼儿有机会表达自己的想法及倾听他人不同的想法或感受，进而学习同理心及角色取代的概念。

（7）请家长配合改善。

四、同伴关系的发展

（一）早期同伴关系的发展

婴儿在第一年的社会能力的发展超乎我们的想象。例如，到2个月时，同伴的出现会引起婴儿的注意，并且相互注视。6个月前，婴儿对同伴的反应还不具有真正的社会性质，他们只是将同伴当作物体或活的玩具来看待，如他们经常会不顾对方疼痛抓对方的头发、脸等。到6～9个月时，婴儿就会发声说话，对着其他婴儿微笑。到第一年年末，婴儿会偶尔以微笑、出声的笑和模仿彼此的动作来进行双向交流。一岁半之后，婴儿之间相互影响的持续时间更长，其内容和形式也更为复杂，合作游戏、互补和互惠的行为在婴儿间出现了。到第二年年末，许多儿童喜欢与同伴一起游戏，花在单独游戏上的时间越来越少。这一时期，在母亲和同伴都在场的情境条件下，儿童更喜欢与同伴玩，与同伴游戏的次数明显多于与母亲游戏的次数。

大量的观察和研究表明，婴儿在出生后的后半年即开始出现真正意义上的同伴社交行为。婴儿早期同伴交往经历了三个阶段：

1. 客体中心阶段

该阶段婴儿的交往更多地集中在玩具或物品上，而不是婴儿本身。刘易斯、罗森伯勒姆（Lewis，Rosenblum）和李（Lee）等人发现，在出生后的第一年内，婴儿大部分社交行为是单方面发起的，一个婴儿的社交行为往往不能引起另一个婴儿的反应。然而，单方面的社交是社交的第一步，当一个婴儿的社交行为成功地引起另一个婴儿的反应时，就产生了婴儿之间的简单的相互影响。

2. 简单相互作用阶段

此阶段的婴儿已经能够对同伴的行为作出反应，经常企图控制另一个婴儿的行为，出现社交指向行为。所谓社交指向行为，是指婴儿意在指向同伴的各种具体行为，婴儿在做出这种行为时，总是伴随对同伴的注意，也总能得到同伴的回应。具体有微笑和大笑、发声和说话、给或拿玩具、身体接触（如抚摸、轻拍同伴的身体、推、拉等）以及较大的运动（如走到同伴旁边）、玩与同伴相同或相似的玩具等。这些行为的目的都是引起同伴的注意，与同伴取得联系，这一阶段的婴儿就是通过这种行为来积极地寻找自己的同伴，同时，对同伴的行为作出反应，相互影响。

3. 互补的相互作用阶段

在这一阶段，婴儿同伴间的行为趋于互补，出现了更多更复杂的社交行为，相互间模仿已较普遍，婴儿不仅能较好地控制自己的行动，还可以与同伴开展需要合作的游戏。比如，你需要同伴时，我和你一起玩，你藏我找，你跑我追，或两人共搭一个东西。此阶段婴儿交往最主要的特点是同伴之间的社会性游戏的数量有了明显的增长。

（二）幼儿期同伴关系的发展

幼儿期同伴间的交往在数量和质量上都发生了很大的变化，儿童合作—互动的游戏量随年龄的增长而增加。

米尔德雷德·帕腾（Mildred Parten）研究指出，幼儿同伴关系的发展经历了三个阶段。

1. 非社会活动阶段

这一阶段包括无参与者或旁观者的行为或独自游戏。

2. 平行游戏阶段

这一阶段的特点是共同分享相似玩具但无交流。

3. 社会交往阶段

这一阶段包括两种真正意义上的社会交往行为，即联合游戏和合作游戏。

儿童的社会交往虽然具有阶段性，但这并不意味着儿童在进行下一阶段的游戏中就不再出现上一阶段的游戏，它们往往是混杂在一起的。

进入幼儿园后，儿童与同伴的接触时间增加，他们不再把成人作为唯一的依靠对象，他们开始主动寻求同伴，喜欢和同伴共同参与一些活动，与同伴的交往比以前密切、频繁和持久。幼儿期同伴交往主要是与同性别的儿童交往。

第三节　游戏与交往技能的发展

一、游戏理论

19 世纪下半叶至今一百多年的历史上，国外有许多心理学家研究儿童游戏。由于各研究者指导思想及方法论的不同，所采用的心理学理论不同，以及研究角度及实验对象不同，同时由于所处的时代及心理学发展水平不同，形成了各种不同的游戏理论。按照产生的时间，游戏理论可以划分为早期的游戏理论和现代的游戏理论。

（一）早期的游戏理论

1. 精力过剩论（剩余精力说）

剩余精力说的代表人物是德国思想家席勒（F.Schiller）和英国社会学家、心理学家斯宾塞（H.Spencer）。他们认为游戏是由于机体内剩余的精力需要发泄而产生的。生物有维护自己生存的能力，身体健康的儿童除维持正常生活外，还有剩余的精力。因而，必须寻找方法消耗过剩的精力，而游戏是释放剩余精力的最好形式。剩余精力越多，游戏就越多。低等动物用于维持生命的精力较多，剩余精力较少，所以没有游戏或很少游戏。高等动物用于维持生命的精力相对少，剩余的精力多，就有游戏的需要。因此，他们把人类的活动分成两种：一种是有目的的活动，被称为工作；另一种是无目的的活动，被称为游戏，即精力发泄。

2. 娱乐论（松弛说）

此理论的代表人物是德国哲学家、心理学家拉扎鲁斯（Lazarus）。他认为游戏不是发泄精力，而是松弛、恢复精力的一种方式。艰苦的脑力劳动使人身心疲劳，这种疲劳需要一定的休息和睡眠才能消除，然而只有当人解除紧张状态时，才能得到充分的休息和睡眠。游戏和娱乐活动可使机体解除紧张状态，恢复精力，增进健康，所以人需要游戏。

3. 复演论（种族复演说）

复演论的代表人物是美国心理学家霍尔。他认为游戏是远古时代人类祖先的生活特征在儿童身上的复演，不同年龄的儿童以不同形式重演祖先的本能活动。如 8 ～ 9 岁是女孩复演母性的本能时期，她们爱玩洋娃娃；6 ～ 9 岁是男孩狩猎本能复演期。他肯定了人类的文化发展阶段与儿童游戏的发展阶段具有对应的关系：动物阶段反映在儿童的爬行和蹒跚行走期；野蛮阶段反映在儿童玩投掷、追逐、捉迷藏等游戏活动中；农业和家长式阶段表现为儿童使用玩具的活动和沙滩挖掘的活动；部落阶段则表现为儿童的小组竞赛活动。

4. 生活预备说

德国哲学家格罗斯（Gross）从“本能论”的观点出发，提出了儿童游戏是对未来生活的无意识准备，是为成熟做预备性练习的“生活预备说”或“练习说”。他认为游戏的功能是帮助个体练习维持生存的基本技巧，以便为将来的生活做准备。

早期的游戏理论基本上肯定了游戏是儿童的一种重要活动，是儿童心理发展的重要力量。这对于改变人们长期形成的轻视游戏的传统观念和习惯是具有重要意义的，而且理论本身从不同的侧面对游戏产生的原因与意义进行解释，为后来的研究奠定了基础。但这四种理论仍有其局限性，如较多地受生物进化论的影响，基本上都是从本能、欲望等生物学的角度来解释和分析游戏，具有片面性，缺乏科学的实验基础。

（二）现代的游戏理论

1. 精神分析学派的游戏理论

精神分析学派的游戏理论，又称发泄论或补偿论。在现代西方心理学的理论流派中，精神分析学派是最重视游戏的一个派别。精神分析学派的创始人弗洛伊德及后来的追随者们或多或少地都论述了儿童的游戏问题。精神分析学派之所以重视游戏和这个学派的基本理论有关。

精神分析学派认为，一切生物生存的基础是一些与生俱来的原始冲动和欲望，这些冲动和欲望在动物界可以以赤裸裸的形式直接表现出来，如可以随意争抢等。但在人类社会，由于受到道德规范的约束，不允许这些潜意识里的冲动和欲望直接表现出来。当这些被压抑在潜意识里的冲动和欲望累积起来时，将会不自觉地寻找出路，以做梦、幻想、口误等潜意识表现加以发泄。儿童天生也有种种内在的需要和欲望希望得到满足、表现和发泄，但由于生存的客观环境所限，儿童不能为所欲为，以至于他们的内在需要不能被完全满足，从而内心产生压抑或抑郁情绪，这样一来，儿童容易做出爱捣乱、发脾气等各种不良行为。而游戏就是表现这些原始的、受压抑的冲动和欲望的隐晦曲折的最好方式。游戏是可供个人支配的自由天地与领域。因此，儿童可以在游戏中发泄情感，减少忧虑，发展自我能力，以应付现实环境，补偿现实生活中不能被满足的欲望和需要，从而使身心全面、健康发展。

精神分析学派强调早期经验对健康的成年生活的重要性，强调游戏对于人格发展、心理健康的价值，对于人们重视早期的发展与教育、重视游戏在儿童发展中的作用做出了重要贡献。但该理论仍有其局限性：第一，具有明显的临床诊断色彩。其来源于对于个别儿童的研究，研究结论缺乏普遍性。第二，具有明显的主观臆测倾向，缺乏科学性。

2. 皮亚杰认知发展的游戏理论

认知发展学派的代表人物是瑞士著名心理学家皮亚杰。他的认知发展理论近几十年来对学前教育影响非常大。皮亚杰试图在儿童认知发展总的框架中来考察儿童的游戏，认为许多游戏理论之所以不能正确解释游戏这种儿童早期所有的现象，主要原因是这些理论都把游戏看作一种孤立的机能或活动。在皮亚杰看来，游戏是一种在已有经验范围里的活动，是对原有知识技能的练习和巩固，是智力活动的一个方面，是智力发展的一种手段。儿童游戏的动力基础在于智慧的发展形式，即用认知发展的术语来解释，游戏是同化超过了顺应。

皮亚杰认为游戏的发展受儿童认知水平的制约，并与儿童认知发展阶段相适应。在感知运动阶段，儿童的游戏表现为不断重复习得的动作或活动，被称为练习性游戏阶段。到了前运算阶段，儿童的游戏超出了当前范围，突破了时空的限制，表现为一种象征性游戏，成为幼儿阶段最为典型的游戏。它通过同化作用来改变现实，以满足自我在情感方面的需要。到了具体运算阶段，规则游戏开始发展。

皮亚杰的游戏理论开拓了从儿童认知发展的角度考察儿童游戏的新的途径，

成为20世纪60年代以后游戏与儿童认知发展关系研究的直接催化剂。皮亚杰研究的终点成为人们进一步研究游戏与儿童认知发展关系的起点，由此引发了一系列游戏与儿童认知发展的实证研究，极大地丰富了人们对于儿童游戏的认知发展价值的认识。皮亚杰非常重视游戏的情感发展价值，认为游戏是儿童解决情感冲突的一种手段。皮亚杰研究儿童游戏，只是试图从游戏这一侧面说明儿童认知发展的特征。这一思想出发点导致他认为游戏只是认知活动的衍生物，否认游戏是独立的活动形式，只强调认知发展对游戏的制约作用，忽视游戏对认知发展的促进作用。

3. 社会文化历史学派的游戏理论

社会文化历史学派是苏联的心理学派，也称维列鲁学派，代表人物有维果茨基、列昂节夫、鲁利亚、艾里康宁等，他们在阐述自己的心理学思想时或多或少地涉及儿童游戏的问题，以辩证唯物主义和历史唯物主义为基础，创造了从根本上区别于西方心理学的游戏理论。

对于儿童的游戏，社会文化历史学派有以下四种基本观点：

（1）活动在儿童心理发展中起主导作用。

（2）游戏是学前期的主导活动。

（3）强调游戏的社会性本质，反对本能论。这种理论认为，儿童的游戏，无论就其内容还是结构来说，根本不同于幼小动物的游戏，它具有社会历史的起源，而不是生物学的起源。

社会形成和推行游戏的目的是教育和培养儿童参加未来的劳动活动。

（4）强调成人的教育影响。游戏作为学前儿童的主导活动，本身也是在儿童与成人的交往中、在成人的教育与影响下、在与成人的关系发生改变的情况下逐渐发生、发展的，社会文化历史学派的游戏理论很有特色。它不满足仅在理论上的探讨和描述儿童游戏发生发展的现象和规律，而是注重将理论上的研究成果广泛运用到指导儿童身心发展的游戏实际活动中，指导教师组织儿童开展游戏。当然，这一理论也存在缺点，如关于游戏的社会起源的解释，以及儿童必须在成人的示范、指导下才能改变物体的名称，才能用角色称呼自己等观点过于偏激。儿童的游戏，虽然不能脱离社会生活环境，不能缺少成人的影响，但是，这不一定会削弱儿童的自主性。

二、游戏对学前儿童发展的作用

德国文学家、哲学家席勒曾说过："只有当人成为完全的人时，他才游戏；也只有当人游戏的时候，他才完全是人。"游戏是幼儿的基本活动形式，是幼儿的"第二生命"，幼儿的游戏是对已有经验的重复练习与在已有知识基础上的挑战，对幼儿的身心发展具有重要的作用。

（一）游戏促进幼儿身心愉悦

娱乐功能是游戏的原生功能，在游戏中，幼儿是活泼愉快的。从游戏的过程来看，游戏充满轻松和自在，幼儿全身心地投入游戏中，没有来自外在的束缚和压力，并保持着兴奋、觉醒的状态；从游戏的内容来看，它本身充满着怪异与和谐，游戏的内容是对现实的模仿和创造，幼儿在平凡的生活行为中加入刺激、新鲜的因子，使游戏内容更为丰富。从游戏的结果来看，它没有任何外在的目的，只是一种获得愉快的手段，而不是达到某种目标的努力。

（二）游戏促进幼儿身体发展

游戏有助于促进幼儿生长发育。通过游戏，儿童可以增强体质、恢复精力，幼儿在游戏中开心地跳跃，锻炼身体的各种器官，促进身体血液循环、高级神经活动的发展。例如，“跳房子”“跳皮筋”“走平衡桩”等游戏，既能增强幼儿的弹跳能力，又能训练幼儿的平衡能力。

（三）游戏促进幼儿认知发展

儿童通过游戏可以获得知识经验、巩固技能技巧、促进思维发展、提高智力水平、优化认知结构，同时获得有效的学习方法和策略，并有利于良好的学习动机和学习态度的形成和发展。皮亚杰认为，儿童游戏的发展依赖于认知水平的提高，游戏水平的提高反过来又促进认知的发展与完善。儿童在游戏过程中遇到困难时，会认真分析当前的困境，尝试运用各种办法解决难题，从而培养幼儿分析问题和解决问题的能力；幼儿通过对游戏进行改编和创新，以满足自己更高的追求，在此过程中，幼儿的思维、想象力都会得到相应的发展。例如，幼儿在玩棋类游戏、搭积木、堆沙土、剪纸等过程中，自身的观察力、智慧、动作、策略等都会得到综合运用和发展。

（四）游戏促进幼儿语言发展

游戏不但使语言理解深刻化，而且使语言的交际功能和调节功能获得发展。在幼儿与同伴交流、协商的过程中，幼儿的倾听能力、独白语言能力、自我调节能力会在无形中初步形成并逐步发展。游戏中幼儿需要与他人交流思想，共同协商解决问题的办法，因此，幼儿必须能理解他人观点，恰当表达自己的想法。例如，在“上课游戏”中，儿童模仿老师与学生对话，不但把自己假想成教师，而且言语行为都要符合他心目中老师的角色，语音、语调与平时完全不同，促使儿童语言快速发展。

（五）游戏促进幼儿社会化

游戏可以促进幼儿与同伴相互交流与理解、相互学习与提高，可以推动社会信息传播和文化传递，从而最终实现儿童自我的社会化。游戏使儿童了解自己和他人的愿望、思想、感情等，相互交流经验，体验角色责任，增强了幼儿的自我意识。游戏使儿童扮演各种不同的社会角色，促进幼儿理解人们之间平等友好的关系，开始学会通过分享、协商、谦让和互助等行为方式，逐步建立良好的同伴关系。游戏的社会化功能主要表现在以下三个方面：

1. 游戏促进幼儿性别角色社会化

一方面，游戏可以促进儿童性别认同，使其获得性别同一性；另一方面，游戏可以帮助儿童认识性别角色，逐渐习得社会期望对男性和女性的行为要求，并利用这些信息指导和控制自身的行为，适应社会交往。

2. 游戏促进幼儿情感社会化

儿童情感社会化包括两个方面：一是情绪社会化，即情绪中社会性交往成分增加，情绪的社会动因增加，表情的自我控制与调节的社会性加强；二是人际感情的发展，即依恋的发展。

3. 游戏促进道德社会化

游戏能够促使儿童掌握社会道德规范，提高道德认识，内化社会规范。在规则游戏中，儿童不仅可以学习特殊的游戏规则，还可以了解一般的社会规则。例如“丢手绢”游戏使儿童懂得顺序、轮换和合作等。

三、学前儿童游戏的分类

长期以来，关于学前儿童游戏的种类尚未形成定论。由于研究者们各自不同的研究目的和他们所依据的不同理论，他们对游戏进行分类时会侧重某一个角度，因而出现了各种各样的游戏分类。

（一）按儿童游戏的认知特点分类

1. 感觉运动游戏

感觉运动游戏又称为练习性游戏。它是儿童最早出现的一种游戏形式，一般适合 0 ～ 2 岁儿童。儿童主要通过感知和动作来认识环境、与人交往，他们的游戏最初是通过将自己的身体作为游戏的中心，逐渐地摆弄与操作具体物体，并不断反复练习已有动作，在简单重复的练习中，尝试发现、探索新的动作，从而使自身获得发展。婴幼儿在反复的、成功的摆弄和练习中，获得愉快的体验。游戏的驱动力就是获得“机能性的快乐”，“动”即快乐。该游戏的主要表现形式为徒手游戏或重复地操作物体的游戏。

2. 象征性游戏

象征性游戏是 2 ～ 7 岁儿童最典型的游戏形式。象征即用具体的事物表现某种特殊意义，游戏中出现了象征物或替代物，儿童把一种东西当作另一种东西来使用，即“以物代物”，把自己假装成另一个人，即“以人代人”，是象征的表现形式。象征性游戏的主要特征是模仿和想象，角色游戏是其主要的表现形式。最常见的“过家家”“医院”“商店”“公共汽车”等游戏，都借助了一些替代物品，通过扮演角色反映种种社会生活、场景和人物。通过象征性游戏，儿童可以脱离当前对实物的知觉，以象征代替实物并学会用语言符号进行思维，体现了儿童认知发展的水平。

3. 结构性游戏

结构性游戏又称建构游戏或造型游戏，它是指儿童利用各种不同的结构材料来建构、反映现实生活中的物体的活动。这类游戏有以下三个基本特点：

（1）以造型为基本活动，往往以搭建某一建筑物或物品为动因，如搭一座公园的大门、建一个汽车的模型等。

（2）活动成果是具体的造型物品，如飞机、坦克、高楼、卡通形象等。

（3）它与角色游戏存在相互转化的密切关系。

4. 规则性游戏

规则性游戏是一种由两人以上参加的，以游戏规则裁判胜负的，具有竞赛性质的游戏，包括智力性质的竞赛、动作技巧方面的竞赛、运动能力一类的竞赛等。这类游戏是儿童四五岁以后才开始接触的。研究表明，幼儿中期的儿童能按一定的规则进行游戏，但是常常会出现因为自己的兴趣或好恶而忘记或破坏规则的现象。年龄大一点的儿童，不仅能较好地开展这类游戏，还能较好地理解并坚持游戏的规则，并运用规则约束参加游戏的所有成员。由于规则本身具有不同的复杂程度，动作技能的要求不同，这类游戏可以从幼儿一直延续到成人。

（二）按儿童游戏的社会性特点分类

1. 独自游戏

独自游戏又称单独的游戏。儿童独自一人玩玩具，所玩的玩具与周围其他儿童的不同。他只专注于自己的活动，不管别人在做什么，都不会做出接近其他儿童的尝试。彼此间没有联系，各玩各的。

2. 平行游戏

儿童仍然是独自玩玩具，但他所玩的玩具同周围儿童所玩的玩具是类似的，他在同伴旁边玩，而不是与同伴一起玩。他们能意识到别人的存在，相互之间有目光接触，也会看到别人怎么操作，甚至模仿别人，但彼此都无意影响或参与对方的活动中，既没有合作的行为，也没有共同的目的。

3. 联合游戏

儿童仍以自己的兴趣为中心，但开始有较大的兴趣与其他儿童一起玩，同处于一个集体中开展游戏，时常发生许多如借还玩具、短暂交谈的行为，但还没有建立共同目标。儿童仍做自己愿做的事情。

4. 合作游戏

儿童以集体共同目标为中心，在游戏中相互合作并努力达到目的。游戏中有明确的分工合作及规则意识，有一到两个游戏的领导者。例如，在“小医院”游戏中，有人扮演医生，有人扮演护士，还有人扮演病人，角色相对稳定，且能相互协调。

在学前儿童的游戏活动中，平行游戏和联合游戏较多，到学前晚期，才开始出现有组织的合作游戏。游戏水平的提高反映了儿童社会性交往能力的发展。

（三）按游戏的教育作用分类

1. 创造性游戏

创造性游戏是以幼儿自由创造为主的游戏，游戏中幼儿完全可以按照自己的需要、兴趣和意愿进行活动，不受外显规则的约束，具体包括角色游戏、结构游戏和表演游戏。

2. 规则性游戏

规则性游戏是指以教师组织和创编为主的游戏，游戏中幼儿的行为必须受规则的限制，即游戏有明确的规则，幼儿必须服从规则所要求的步骤、玩法进行活动，不得违反规则，游戏的结果是幼儿在游戏中要努力达到的目的。此类游戏常常是为教学服务的，包括体育游戏、音乐游戏和智力游戏等。

四、在游戏中培养幼儿的交往技能

社会交往技能是人的社会性中最重要的内容之一，它指的是人在与别人进行交往时所表现出来的运用口头语言、身体语言、情绪和认识等方面的技能。《3—6岁儿童学习与发展指南》中明确提出：“人际交往和社会适应是幼儿社会学习的主要内容，也是其社会性发展的基本途径。”“幼儿的社会性主要是在日常生活和游戏中通过观察和模仿潜移默化地发展起来的。”幼儿期是儿童社会性发展的关键时期，游戏作为该阶段儿童的主导活动形式，能够促进儿童社会交往技能的发展。通过游戏活动，让幼儿模仿现实生活，再现社会中的人际交往，练习社会交往的技能，在不知不觉中提升幼儿的交往能力。

（一）通过游戏培养幼儿交往的意识

采用游戏的形式，有目的、有计划地向幼儿介绍有关交往的知识，指导幼儿进行交往，使幼儿建立交往的意识，形成积极的交往态度。比如刚进入幼儿园的幼儿，面对陌生的环境，容易哭闹，而他们又比较喜欢玩积木等游戏，因此，幼儿园给孩子准备的玩具较多，孩子们大多是自己玩自己的、互不交流。一两个月后，为了促进孩子之间的交往，教师可以让孩子们分组游戏，一组玩一种玩具，这就需要孩子们合作，共同使用一种玩具，学会分工、协作。在游戏过程中，教师要有意识地鼓励幼儿多交往，让他们自己找伙伴，相互合作，让他们在游戏中感受到交往的重要性。

（二）通过游戏培养幼儿交往的兴趣与能力

游戏是幼儿最喜欢的活动，也是相互交往的有效方式。游戏中，幼儿以愉快的心情再现现实生活，对老师的启发、诱导容易接受。角色游戏具有群体性，是幼儿对社会生活的一种再现，幼儿通过自己的或与同伴的共同活动，把最感兴趣的事情反映出来，从中学会共处，学会合作。教师可以让幼儿分别扮演不同的角色，在特定的情境中体验他人的感受。比如，教师在带孩子参观医院、超市、银行、菜市场后，可以在活动室设立“娃娃家”“医院”“菜市场”等模拟区域，扩大幼儿的活动空间。通过师生、生生、幼儿与区域环境的互动，让幼儿逐步了解和掌握社会行为规范，摆脱“以自我为中心”的意识，同时，学习掌握不同角色之间的交往方式。例如“娃娃”与“长辈”的交往、“医生”与“病人”的交往、“营业员”与“顾客”的交往等，孩子们在你来我往中保持愉快的心情，能激发幼儿对交往的兴趣，从而提高交往技能。此外，幼儿在游戏中扮演各种角色，可逐步了解角色的特点与职责，知道社会交往的行为准则，进而增强同情心和责任感，养成乐于助人的良好品德。例如，“公共汽车”的“售票员”会扶“爷爷”“奶奶”下车。

（三）通过游戏让幼儿学说、敢说、乐于说，从而促进幼儿之间的交往

游戏是通过角色扮演让幼儿根据自己生活的经验和意愿，模仿成人劳动和交往的一种创造性活动，它是幼儿自己教育自己，自己培养自己，承担社会角色责任和遵守社会角色规范的一种自我教育活动。游戏可使幼儿在人际交往实践中获得更多的语言表达机会，有助于幼儿逐步积累交往的技能和经验，体会交往的乐趣。例如，对刚进入幼儿园的幼儿来说，“家”是他们最熟悉的地方，也是幼儿觉得最安全的地方。在玩游戏“到娃娃家做客”时，让幼儿模仿“家”中的角色，在活动中与人交往，让一名幼儿以客人的身份开始游戏。例如，先轻轻地敲门问：“家里有人吗？我是某某”，再向主人问好，而主人要热情招呼客人，说“请进、请喝水”等。通过游戏激发幼儿的兴趣，让幼儿乐于说，在他们一问一答的过程中，幼儿的社会交往能力得到了提高。另外，教师还可以适时增加游戏

内容，不断扩大幼儿的交往范围。

（四）解决游戏中的冲突，增强幼儿交往能力

有些幼儿不知怎么和同伴交往，而幼儿在与同伴游戏活动中，不可避免地会与同伴之间产生矛盾和冲突。例如，有的幼儿在活动中撞倒了对方或踩痛了对方，连一句“对不起”都不说，缺乏礼貌，这样怎么能交到朋友呢？所以，幼儿要学会应用礼貌用语，在游戏过程中，教师要引导幼儿用合适的语言表达自己的想法，学习用语言与同伴沟通的技能。有的幼儿较胆怯，羞于交往，害怕对方拒绝自己，但其内心是渴望与同伴一起说笑、游戏的。这时教师可以请几个交往能力强的幼儿主动邀请胆小的幼儿参加游戏，还可以带着胆小的孩子加入同伴中，慢慢地，幼儿的胆子就会大起来，不再害怕交往。有些幼儿占有欲很强，什么东西都爱放到自己前面，不懂谦让。对此，教师可以教幼儿一些协调同伴关系的方法，如协商、合作等。

总之，在游戏中培养幼儿的交往能力，不是一朝一夕之事。在生活中，教师要做个有心人，时时处处为幼儿创设各种交往的机会，鼓励他们自主选择、自由结伴开展活动，体验与人交往的快乐。教师还可以结合具体情境，指导幼儿学习交往的基本规则和技能。例如，当幼儿不知怎样加入同伴游戏时，或提出请求不被接受时，建议他拿出玩具邀请大家一起玩。

第六章　学前儿童家庭教育的内容

第一节　学前儿童家庭的健康教育

一、学前儿童家庭健康教育的含义

（一）健康及健康教育

“健康”（health）一词的本义是体格与精神的健全（soundness）和完整（wholeness）。对“健康”一词的认识应该包含生物学、心理学和社会学三个维度，三方面的健康状态是相互影响、相互制约的。1948 年，世界卫生组织在其宪章中明确提出，健康是“身体、心理和社会适应的健全状态，而不只是没有疾病或虚弱现象”。一个身体健康、心理健康和社会适应良好的人，才能称得上是健康的人。

健康教育是一种以健康为目标，以促进人们自觉采纳有益于健康的行为和生活方式，减轻和消除影响健康的危险因素，预防疾病，促进健康，提高生活质量为目的的有计划、有系统的教育活动。

（二）学前儿童健康和学前儿童健康教育

学前儿童健康包括三方面含义：一是学前儿童身体各个器官、各个组织的正常生长发育，没有身体缺陷；二是具有开朗、乐观等健康的心理品质；三是具有较快适应环境的能力。

身体的健康是学前儿童身心健全的基础，心理适应是学前儿童身心健全的关键。学前儿童的健康意味着学前儿童持续的正常发展。其中，学前儿童的生理健康是指学前儿童各个器官、组织的生长发育正常，没有生理缺陷、能够有效抵抗各种急、慢性疾病，体质不断增强。学前儿童的生长发育通常用一些形态指标来进行测量，如体重、身高、头围、臂围、坐高、皮下脂肪等，其中，体重、身高和头围三项指标，不仅测试起来非常方便，还可以为评价儿童生长发育水平提供重要信息。学前儿童心理健康是指心理发展达到相应年龄组儿童的正常水平，情绪积极、性格开朗、无心理障碍，对环境有较快的适应能力。学前儿童心理健康的标志有：①动作发展正常；②认知发展正常；③情绪积极向上；④人际关系融洽；⑤性格特征良好；⑥没有严重的心理卫生问题。

学前儿童健康教育不能简单地理解为学前儿童体育。从概念来看，学前儿童体育有广义和狭义之分。广义的学前儿童体育包含学前儿童身体保育和幼儿身体锻炼；而狭义的学前儿童体育是指通过发展学前儿童的动作增强其体质的身体锻炼活动。学前儿童健康教育是广义的学前儿童体育的重要组成部分，它以帮助学前儿童获得基本的健康常识、形成健康态度、养成健康行为作为主要任务。与狭义的学前儿童体育共同构成学前儿童身心发展不可或缺的两个方面，即身心健康与身体锻炼。

因此，可以把学前儿童健康教育界定为根据学前儿童身心发展特点，培养健康行为、提高健康认识、改善健康态度、保持和促进健康的教育活动。成人为学前儿童提供适宜的健康教育，有利于提高他们的健康水平。保护学前儿童身心健康是进行其他一切教育活动的前提，尤其是进行早期智力开发的前提。如果在婴幼儿时期对健康不多加关注和培养，就会影响孩子今后的生活质量。

（三）学前儿童家庭健康教育

家庭成员之间的关系是由婚姻关系和血缘关系维系的，这种自然的情感是社会其他任何单位或者群体所不具有的。家庭健康教育以家庭为整体、通过父母对子女进行的以身心健康为主要内容的教育。父母或家长应以身作则，根据不同年龄儿童健康成长的规律，用科学的内容和方法使儿童树立卫生观念，培养良好的生活习惯，让儿童较早地学到卫生保健知识，为学校和社会健康教育打下良好基础。

家庭健康教育，不管是有意识的、有目的的，还是无意识的、潜移默化的，对儿童，特别是对学前儿童健康知识的获得、健康态度的改善，以及健康行为的养成都会起到积极的作用。对于学前儿童而言，家庭健康教育尤为重要。学前儿童基本生理需要的满足是与家庭饮食、衣着、居住等活动紧密地联系在一起的，儿童对安全、爱、尊重、成就感等需要的满足，也是与家庭成员的价值观和态度、家庭成员之间的关系，以及家庭对儿童的教育方式紧密地联系在一起的。家庭健康教育是教育机构和社会健康教育的基础，家庭健康教育往往能实施教育机构和社会健康教育难以实施的教育任务。

家庭健康教育往往是非正规的，它有较大的随机性和随意性，不如教育机构的健康教育那样有组织、有系统、有计划，也缺少固定的教材。但是，家庭健康教育常常更具针对性，更富有弹性，容易做到因材施教、因势利导，而且有情感因素的加入。因此，家庭健康教育有可能取得较好的成效。

二、学前儿童家庭健康教育的内容

学前儿童家庭健康教育内容的选择和组织应根据学前儿童健康教育的目的和任务确定。健康教育涉及的范围十分广泛，对学前儿童实施的家庭健康教育还必须顾及学前儿童的身心特点，顾及社会对学前儿童健康教育的基本要求。

（一）学前儿童家庭健康教育内容的组成

通过家庭健康教育，不仅要使学前儿童初步认识和了解自己的机体，按照健康的要求自觉地维护和增进身体的健康；还要培养学前儿童积极向上的情绪情感，学习适当表达自己思想和情感的方法，增强自知和自我接受的意识，发展自尊、自信、自主和自我控制的能力，改善与人交往的技能，逐步形成自觉地抵制有损心理健康的行为和习惯，使其行为能较好地适应家庭、托幼机构和社会生活。学前儿童健康教育所包含的身体、心理和社会适应三个方面的内容，虽然都有其特殊的含义，但是相辅相成。

学前儿童家庭健康教育旨在提高儿童对健康的认知水平，改善对健康的态度，培养健康的行为和习惯，因此，学前儿童健康教育的内容应涉及认知、情感和行为三个领域。例如，在营养与饮食的健康教育部分，在认知领域，要让学前儿童初步懂得各种食物都有能够维持人的生命活动的营养素，有些食物对人体健康有危害；在情感领域，要让学前儿童愿意接受各种食物，愉快地摄取各种食物；在行为领域，要让学前儿童在家庭和托幼机构用餐时，都能保持良好的饮食习惯，不挑食，不过食。

（二）学前儿童家庭健康教育的具体内容

学前儿童家庭健康教育的具体内容如下：

1. 个人卫生教育

对学前儿童进行个人卫生教育，特别是从小培养儿童良好的个人卫生习惯，这对于维护和增进儿童机体的健康，预防疾病的产生具有极为重要的意义。学前儿童行为的可塑性大，这个时期正是培养儿童个人卫生习惯的良好时机，不仅容易形成健康的个人卫生习惯，还较易纠正不良习惯。

在学前期要注意培养的个人卫生习惯主要有：

（1）生活自理能力。要让学前儿童具备自己洗脸、洗手、早晚刷牙、穿脱衣服鞋袜、吃饭、收拾整理玩具和用具等生活自理能力与习惯。

（2）有规律的生活习惯。要训练学前儿童按时睡眠，定时定量饮食及大小便等有规律的生活习惯，使其一日生活有规律性。

（3）清洁卫生习惯。要让学前儿童养成勤洗手、勤洗头、勤洗澡和勤换衣、勤剪指甲、勤理发等清洁卫生习惯，学会使用自己专用的手帕、面巾和浴巾，或一次性卫生纸巾，特别是在咳嗽、打喷嚏时，会用手帕或纸巾捂住口鼻。要教育儿童不要用手挖耳、抠鼻、揉眼，也不要将手指、蜡笔、铅笔等放入口中。

（4）学习卫生习惯。要培养学前儿童良好的阅读、绘画、写字、唱歌等习惯，保持正确的坐姿、站姿，注意用眼卫生，并保持书籍、文具和玩具的清洁。

2. 心理健康教育

对学前儿童实施的心理健康教育主要是通过培养儿童健全的个性，养成良好的心理卫生习惯，以及学习消除心理紧张的方法等得以实现的。学前儿童心理健康教育旨在帮助每一个儿童发展积极的自我概念，并增强鉴别和表达自己情绪情感的能力。

对学前儿童施行的心理健康教育所涉及的范围甚广，主要包括：让学前儿童学习适当表达情绪情感和思想的技能与方法；培养学前儿童对自己和他人的积极情感；帮助学前儿童改善与人交往的技能；培养学前儿童形成与人合作、分享和商量的品质；增强学前儿童自知和自我接受的意识；帮助学前儿童发展自尊、自信、自主和自我控制；帮助学前儿童初步养成良好的行为习惯，以及培养对心理健康问题的决策能力，自觉抵制有损心理健康的行为。

3. 营养与饮食卫生教育

对学前儿童施行的营养卫生教育应与饮食卫生习惯的培养同时进行。进行教育时，应特别注意三个方面：第一，让学前儿童初步认识人体所需的各种营养素，让他们粗略地知道应从哪些食物中获得这些营养素，特别是要让儿童知道在饮食中要多吃富有粗纤维的蔬菜等食物。第二，要培养学前儿童对平衡和合理膳食的积极态度，能自觉自愿地食用各种食物，不偏食、不挑食、不过食，进食时保持良好的情绪。第三，要培养学前儿童良好的饮食卫生习惯，如饭前洗手、进食定时定量、不乱吃零食和过多饮用冷饮，进餐时细嚼慢咽、不边吃饭边说笑等。要让儿童懂得“病从口入”的道理，禁吃没有洗烫消毒的生食品，霉变、腐坏的食品，被农药、金属毒物等污染的食品。

4. 消费卫生教育

作为社会的消费者，学前儿童不仅有一般的消费需要和愿望，还有特殊的消费需要和愿望。在商品经济社会中，广告等传播方式对刺激学前儿童的消费欲望及建立消费需要的态度方面会产生难以抵御的影响，各种商品为儿童在吃、穿、用、住、玩等诸方面提供了众多的选择机会。对学前儿童进行消费卫生教育，让他们对各种消费物品和消费服务对健康的影响作用具有初步的识别能力，能抵制来自社会各方面的消极的消费观念和行为，逐渐增强自我保健的意识，为形成稳固、健康的消费行为和习惯打下基础。对学前儿童进行的消费卫生教育最终应当落实在儿童消费行为样式的建立之上。早期建立对商品和服务的态度、选择和使用模式会对人一生身心健康产生重要影响。

5. 环境卫生教育

环境是人类赖以生存的基本条件，一般情况下，人与环境形成一种动态平衡，如果环境发生剧变，或者由于人为的原因使其构成或者状态发生变化，就会造成环境污染，甚至扰乱和破坏生态平衡，严重影响人类的健康与生活。对学前儿童施行的环境卫生教育旨在让儿童初步懂得保持环境卫生的重要性，逐渐产生和形成保护生活环境卫生的责任感，培养儿童保护环境卫生的行为和习惯。

6. 疾病预防和控制的教育

疾病预防和控制的教育旨在让学前儿童懂得健康的行为和习惯有益于儿童疾病的预防，从而初步形成个体在疾病预防中的责任感，并在日常生活中能初步形成有益健康的行为和习惯，较为自觉地采取各项防病措施。

7. 性教育

学龄前期形成的性观念和性认识是成人明确的性概念和性信念的前身，可能成为成人期性行为形成的主要影响因素之一。性教育应从儿童刚出生时就开始，通过教育，让儿童逐步学习各种有关性的知识，防止儿童产生性压抑和性神秘感，逐步确立正确的性态度，培养儿童具有正确的性别自我认同和性角色意识。性别自我认同是个体对性角色的自我体验，而性角色是性别的公开表现。儿童在3岁以前就已经开始对自我性别进行认同了，5岁左右的儿童能以自己的性别角色适应社会生活，以后，儿童的自我性别意识逐渐增强。在学龄前期，给儿童起名字、买衣服、选择玩具、安排活动、与儿童进行交流和期待，都具有性教育的意义。如果在这些方面有意或无意地出现倒错，就可能造成性别认同的障碍，使儿童的兴趣、爱好和个性等向异性方向发展，甚至产生变态的性心理。学前儿童对性知识仅表现为纯粹的求知兴趣，所关心的只是自然界和人的因果关系，他们会提出诸如“自己从何处来”“为何自己的生殖器官与异性儿童的不一样”等问题。教师和家长对学前儿童提出关于性的问题不应回避，但是不必主动去提问或解释，可有意识地利用自然界的现象和日常生活情景，让学前儿童逐渐认识一些关于动植物和人类繁衍后代，以及不同性别的人在社会生活中的作用与相互关系的粗浅。

三、实施学前儿童家庭健康教育措施

（一）更新家长的健康教育观念，树立“健康第一”的思想

对学前儿童实施健康教育是为了保护和增进他们的身心健康，增强他们的体

质，提高其适应环境的能力。由于家庭教育所具有的特性，如早期性、亲密性、长期性、渗透性等，在家庭中对学前儿童实施健康教育有特殊的意义。家长随时随地可以把健康的理念传递给自己的孩子，例如，哪些食物对健康是有益的，污染为什么对健康有害，生命在于运动，健康的行为对自己对他人都有帮助，等等。可是一些孩子由于用脑过度，锻炼不足，营养不合理，导致身体瘦弱，体质下降，呈“豆芽菜”体形；而一些孩子则由于迷恋电子游戏，久坐不动，贪吃零食，使他们肌肉松弛，脂肪堆积。

健康教育是一项投资少、收效大的预防保健措施。家长无论文化水平高低都能承担起家庭健康教育的任务，应帮助学前儿童从小树立起重视健康的正确观念。

（二）培养学前儿童热爱运动、珍爱健康的习惯

家庭健康教育的首要内容是让学前儿童了解关于健康的基本常识，使他们逐步知道自己身体的构造、机能和特点，明白自己成长的过程，这实际上也是他们认识自我的一个重要方面；其次是帮助孩子们养成良好的卫生习惯，以适应现代化的健康观念和卫生要求。家长不但不应该限制学前儿童的活动，而且要培养他们从小热爱运动、珍爱生命、珍视健康的好习惯。

体育锻炼对学前儿童的身心健康有很大的益处，它能够使学前儿童全身各个系统的机能得到增强，心理水平不断发展。运动使学前儿童的骨骼发育加速，骨质变得坚硬且富于弹性，关节灵活，肌肉发达，运动能力大大提高。运动不仅减少了学前儿童心血管疾病的发生，同时充足的血液供应满足了其生长发育的需要。运动还能促进学前儿童神经系统的发育，外部肢体的运动通过神经末梢把信息传递到大脑皮质，使大脑皮质增生分化，神经纤维的网络化不断建立，条件反射迅速形成，促使学前儿童认知水平、分析思考问题的能力随之增强。运动有助于缓解孩子精神上的压抑，他们在运动中放松自己，运动使他们变得热情开朗。

（三）关注学前儿童心理健康

重视心理健康教育已成为家庭教育中的一个热门话题。有人不禁要问，学前儿童天真烂漫，享有幸福的童年也会出现心理问题吗？毫无疑问，答案是肯定的。

首先，实施学前儿童心理健康教育要对其进行情感教育。父母对孩子无私的爱使孩子具有安全感、信赖感、幸福感，这种深刻的情感体验是孩子健康心理的坚实基础。让孩子有丰富的情感体验，在他的成长经历中是非常重要的。现在的孩子成为家庭的中心，全家人都给予其极大的关怀和爱，他的需要被最大限度地满足，他的情感体验是积极的，然而仅有积极的情感体验是不够的，还要让孩子

懂得，提出的要求要合理，不合理的要求是不能得到满足的。爱是一种情感，但可以用行为来表达，如帮爸爸妈妈拿鞋子、搬椅子、倒垃圾，做力所能及的事以减轻父母的负担，这就是爱的表达。

其次，实施学前儿童心理健康教育要对其进行行为习惯的培养。叶圣陶先生曾说：教育就是要养成习惯。家庭教育在培养孩子行为习惯方面有特殊的方式。孩子在成长的过程中，有许多习惯需要养成，如生活习惯、卫生习惯、学习习惯、劳动习惯等。良好的生活习惯是指学前儿童按照一日生活的秩序正常而有规律地饮食起居，生活有秩序有利于减少神经系统的负担，有利于保持愉快的心境。过分溺爱会使孩子不能自理、不能自立，离开了成人的照顾便无法生存。习惯的养成并不是一蹴而就的事，需要长期的教育。

最后，实施学前儿童心理健康教育要完善学前儿童的个性品质。个性品质的培养是心理健康教育的核心。把孩子培养成一个什么样的人，是每一位家长都要认真思考的问题。从小培养孩子诚实、勇敢、努力、刻苦、认真负责、坚韧不拔、独立、自信、文明礼貌、遵守规则、关心他人、有同情心等良好的个性品质，是家庭心理健康教育要解决的重要问题。

第二节　学前儿童家庭的情感教育

一、情商、情感与情感教育

（一）情商与情感

1. 情商

情商是指一个人感受、理解、控制、运用和表达自己及他人情感的能力。这一概念最早由美国心理学家彼得·萨洛瓦里和约翰·梅耶在 1990 年提出。美国心理学博士丹尼尔·葛尔曼曾概括了情商的五方面：

（1）认识自身情绪的能力。葛尔曼认为，认识自身情绪是情商的基石，这种认知感觉的能力对了解自己非常重要，只有掌握感觉才能成为生活的主宰，对学习工作等人生大事才能作出妥善明智的选择。

（2）妥善管理情绪的能力。情绪管理必须建立在自我认知的基础上，通过自我调节，达到自我安慰和摆脱焦虑或不安的目的。这方面能力较匮乏的人常常要与低落的情绪交战，对这一能力掌握自如的人则能很快走出生命的低谷，重新振作起来。

（3）自我激励的能力。无论是集中注意力，还是发挥创造力，将情绪专注于一项目标都是绝对必要的。要做到这一点就要不断地增强自我成就感，提高热情，保持高度热忱是一切成就的动力。因而要不断地给自己定目标，勉励自己，从而不断地前进。

（4）认知他人情绪的能力。葛尔曼认为，心理健康的人要有同理心。所谓同理心，就是善于感觉别人的感受，这是基本的人际交往技巧。具备同理心的人较能在细致的信息中感觉他人的要求。

（5）人际关系的管理能力。人际关系是一门管理他人情绪的艺术，能否细微地关注，恰当地对待他人的情绪，往往与个人的人际和谐程度、领导能力有关。

2. 情感

情感是人类对客观事物态度的体验，是一种与认知、意志相并列的特殊心理过程。情感是沟通的媒介，是达成理性共识的基础。情感是人的需要是否得到满足的反映，是人对客观事物态度的内心体验。就广义而言，它与情绪交织在一起，通称为情绪情感。就狭义而言，它又不等同于情绪，而是一种和人的社会性需要相联系的复杂又稳定的态度体验，如道德感、理智感、美感、爱、恨等。

情感具有两极性，即积极的情感（增力性）和消极的情感（减力性）。凡是和积极的态度联系的情绪情感，如振奋、紧张、热忱、英勇等为积极的情感；凡是和消极的态度联系的情绪情感，如烦闷、沉重等为消极的情感。

（二）学前儿童早期情感的发展

孩子从诞生那刻起便有情绪情感反映。新生儿最初的情绪情感反映与生理需要满足与否有关。当生理需要被满足时，便有愉快的体验；若生理需要得不到满足，就有不愉快的体验。愉快与不愉快是新生儿最初的情绪情感分化。孩子日渐长大，活动内容和范围拓展，需求增加，因而情绪情感体验的层次、涉及的范围不断扩大。尤其是进入 3 岁后，幼儿高级情感开始萌发，情感社会化倾向逐渐显现，情感向着社会化、复杂化等方面迅速发展。

3 ～ 5 岁是幼儿个性建设时期，也是情感发展的敏感期和快速期。这一时期幼儿情感发展呈现以下特点：

（1）深刻化。幼儿不仅对活动的过程，还对活动的结果产生情绪情感体验。幼儿对同一种情绪情感体验能根据不同的对象表现出不同的体验程度。例如就“爱”而言，孩子能对父母表现出“亲爱”，对老师表现出“敬爱”，对小朋友表现出“喜爱”。

（2）社会化。幼儿情感在社会交往中得到体现并发挥越来越重要的作用。在与周围人的实际交往中，幼儿能比较正确地领会别人表露的情绪情感，并作出相应的反应。

（3）多样化。幼儿表现情绪情感的方式多种多样，不仅表现在面部表情和体态动作上，还表现在语言上；不仅有即景性，还能形成短暂的心境；不仅是外显，还开始具有初步的控制能力。

（三）情感教育

人的情感绝不是自然成熟的，它是在教育促进下发展、成熟的。对教育要作完整的理解，不能回避、抽离情感层面。离开情感层面，教育就不可能铸造个人的精神、个人的经验世界，不能发挥大脑的完整功能，不能保持道德的追求，也不能反映人类的人文文化世界。只有情感才能充当人的内在尺度，才是教育走向创造、实现价值理性的根据。

情感教育是一个与认知教育相对的教育概念，它指的是把情感作为人的发展的重要领域之一，对其施以教育的力量。重视情感教育也就是关注人的情感层面如何在教育的影响下不断产生新质、走向新的高度；也就是关注作为人的生命机制之一的情绪机制，如何与生理机制、思维机制共同协调地发挥作用，以便达到最佳的功能状态。长期以来，人们在教育过程中过多地注重认知能力、意志品质的培养，忽视情感教育的重要性。事实上，情感教育对人的发展有至关重要的作用。当把活动概念作为全部教育理论和逻辑起点时，情感教育显然是一个辐射教育活动全域、全程的理论问题与实践问题。

学前儿童家庭情感教育是指由家庭中的成人对学前儿童实施的旨在培养学前儿童健康积极的情绪情感状态，塑造其良好文明的品行，增强其社会交往能力，形成其健康人格的教育。

二、学前儿童家庭情感教育的重要意义

情感教育是学前儿童家庭教育的重要内容，这是由学前儿童情感特点以及情绪情感在学前儿童的心理发展中具有特殊作用决定的。婴幼儿时期是进行情感教育的黄金时期，这一阶段的早期情感开发对学前儿童的健康成长及其以后的发展都有非常重要的意义。

（一）学前儿童家庭情感教育有利于学前儿童身体健康发育

学前期是人的一生中身体生长、发育最快的时期之一，而学前儿童身体的生长、发育又与其情感的发育有很大的关系。首先，学前儿童的身体还很柔弱，自理能力又差，需要成人的哺育与照顾。其次，他们的语言发展还不发达，表达方式有限，很难直接表达其身体的需要和变化。因此，情绪的变化是成人了解学前儿童身体状况的重要窗口，通过这一窗口，学前儿童实现与成人的沟通，从而得到成人的哺育和照顾，得以生存和健康地成长。同时，学前儿童如果经常保持愉

快、稳定的情绪状态，也有利于其身体各项机能的正常运转，从而促进身体健康发育。

（二）学前儿童家庭情感教育有利于学前儿童心理健康发展

学前儿童心理健康的重要标志就是情绪、情感的稳定、愉快。由于学前儿童的心理活动、行为表达受情绪的影响、支配很大，他们的情绪又具有外露、不稳定的特点，成人可以很容易地从学前儿童的情绪、情感变化中了解他们的心理活动，从而得知他们的心理健康状况。因此，情绪又是学前儿童心理健康的窗口，对学前儿童进行早期情感教育有利于其情绪保持稳定、愉快，从而有利于其心理健康发展。同时，学前儿童情绪情感的发展对其成年后的心理健康及个性形成也会有重大影响。早期情感教育有利于学前儿童乃至其成年以后的心理健康和个性形成。

（三）学前儿童家庭情感教育有利于学前儿童认知能力发展

情绪化是学前儿童认知活动的突出特征，学前儿童的感知、记忆、想象、思维无不充满情绪的色彩。这种情绪化的特征对学前儿童认知的发展有很大的影响：积极的情绪情感能够激发脑细胞的活跃程度，使学前儿童保持高度的注意力，表现出非凡的记忆力和想象力，从而提高其认知活动的效率。父母在对学前儿童进行教育的过程中，如果能考虑其情绪化的特点，并积极进行情感教育，会更利于促进学前儿童认知的发展。

三、当今学前儿童情感发展存在的主要问题及原因分析

（一）当今学前儿童情感发展存在的主要问题

考察现实家庭生活，当今学前儿童情感发展存在以下不足：

1. 冷漠，缺乏爱心、同情心

一些孩子只知“别人为我”，不知“我为别人”，只知被爱，不知施爱。他们习惯了被父母精心照料的舒适生活，认为这是理所当然的，极少考虑别人的需要与态度。他们不了解也很少了解父母在工作和繁重的家务中付出的辛劳，一味提要求，动辄发脾气，任性冷漠，不尊重长辈，不关心他人，缺乏仁爱之心、同情之心。

2. 自私，缺乏责任感

一些孩子在生活中为所欲为，常常无理取闹，只要自己开心就行，从不考虑别人的感受。有的孩子对一些本应自己去做的事仍依赖别人来完成，严重缺乏责任心。例如，自己玩的玩具要家长收拾，上学的书包要家长背，学习用品要家长准备，等等。

3. 缺乏群体意识，不懂分享

一些孩子自幼喜欢自己玩耍，自己活动，不爱与人交往，不愿参加群体活动，体验不到群体所具有的那种愉快的氛围。有的孩子在集体活动中霸占领地，霸占物品，不懂合作，不懂分享。

（二）导致学前儿童产生情感问题的家庭原因

学前儿童情感发展存在诸多问题，从家庭生活、家庭教育角度究其原因，主要有以下三个方面：

1. 溺爱孩子，一切包办

家庭长辈对孩子投入了所有的爱与关怀，这本无可非议，但是，有些家长只重视对孩子爱的投入而忽视对孩子爱的反馈。他们生怕孩子受委屈、吃苦受累，凡事替孩子考虑、替孩子料理，孩子过的是衣来伸手饭来张口的生活。殊不知，这种一切替孩子着想，一切替孩子做的"保姆式"教育，必然导致孩子依赖性增强、责任感降低，使孩子形成唯我独尊，孤僻冷漠，缺乏爱心，不会体贴别人、关心别人的情感品质。

2. 纵容孩子，听之任之

有些父母对孩过于娇纵，对其乖张脾气姑息迁就，不严格要求孩子，而是无原则地听从和满足孩子的一切要求，使孩子逐渐养成"以自我为中心"的待人接物的态度和习惯。更有甚者，有些父母对孩子的不良行为和习惯听之任之，任其发展，一些孩子消极的情绪情感，如霸道、自私自利等性格的形成，与父母的这种恣其所求、恣其所为的教养态度和方法有一定的关系。

3. 没有伙伴，缺乏交往

独生子女在家庭中没有兄弟姐妹，无法建立兄弟姐妹间的伙伴关系。孩子大部分时间是和父母一起生活，很难与成人一起进行平行性的游戏活动。有的父母整天忙于家务和工作，很少有时间与孩子进行情感方面的交流，加上现今多是单元住宅，孩子生活、活动空间有限。在缺少"儿童集体"的家庭环境中，孩子失去了与年龄相仿的小伙伴互助互爱、相互关怀、和睦相处、相互礼让的机会，容易养成不合群品行，缺乏群体意识，体会不到共同分享的乐趣。

四、重视父母在学前儿童情感教育中的作用

法国心理学家约翰·格特曼认为："注重从情绪情感方面关心婴幼儿，对孩子以后的成功和幸福有很大的影响。"学前儿童的情绪发展不是自发进行的，而是在一定的教育环境的影响下逐渐发展起来的。这些影响来自家庭、学校和社会等各个方面，其中，家庭是对学前儿童影响最早也是最大的因素。家庭是人生情感的启蒙学校。父母作为家庭教育的主导力量，对学前儿童的情感教育起着关键

作用。因此，格特曼呼吁："从孩子出生那天起，父母就应当把感情上的交流视为每天必不可少的事情。"

（一）父母是学前儿童情感教育的第一任老师

学前期正是个体情绪、情感萌发、发展最快的关键时期。婴儿出生时，只具备几种与生理相关的原始的基本情绪，在随后的短短几年中，婴儿情绪不断分化发展，并且很快就能学会识别、控制人类具有的大部分情绪。研究显示，如果孩子在生命的前几年得不到适宜的教育影响，情感发展将会出现很大障碍。因此，学前期是对学前儿童进行情感教育的黄金时期，而此时，学前儿童接触最早也最多的"重要他人"就是其父母。父母是儿童的第一任老师，他们给予孩子对于世界最初的印象和最早的情感经验，这正如一幅好的书法作品，第一笔的好坏至关重要。

（二）父母是与学前儿童关系最密切的人

父母与孩子之间是血浓于水的亲情关系，他们之间存在一种天然的依恋。由于这种依恋，父母能敏感地察觉孩子身上一切微妙的变化，而孩子也能从父母关爱的眼神和表情中体会到安全与信任，获得人生中最早的情感体验。同时，孩子生活大部分时间都是在家中与父母共同度过的，朝夕相处中，父母的一言一行及情绪变化都会给孩子留下很深的印象，成为他们模仿的对象；而父母对孩子的教育态度，对幼儿各种表现的反馈与回应都会给幼儿不同的信号，影响他们对事物的态度和体验，从而影响他们情绪、情感的发展。所以，父母与孩子天然密切的关系在学前儿童早期情感教育的过程中起着不可替代的作用。

（三）父母与学前儿童早期的情感交流是学前儿童生存、发展的重要手段

婴儿出生时极其软弱无力，需要成人的哺育与照顾才能得以生存。而婴幼儿的表达手段又极为有限，只有通过情绪的变化才能表达其生理与心理的需要。父母因与孩子的特殊关系，是最能留意、识别、领会这些情绪变化的人，他们与孩子经常的情感交流能及时满足孩子的需要，使其得以生存和发展。同时，学前儿童在与成人的交往中情感日趋分化、复杂、丰富而且富有社会性意义，这使学前儿童生存与活动的空间加大，对社会的适应性日益增强。所以，父母与婴幼儿间情感的交流是促进学前儿童生存和发展的重要手段。

五、实施学前儿童家庭情感教育的措施

（一）创造温馨和谐的家庭情感氛围

家庭情感氛围是学前儿童成长的重要心理环境，对孩子情绪、情感的发展产生重大影响。家庭是以血缘为纽带联系起来的情感共同体，家庭情感氛围表现为家庭内部一种稳定、典型、占主导优势的情绪状态，父母是家庭氛围的主导力量，父母关系是其主要因素。如果父母互敬互爱、和睦相处，善于处理自己的情绪，经常表现得愉快、幽默、乐观向上，会使孩子感到轻松、快乐，并为孩子学习、理解和处理情绪提供良好榜样和潜移默化的影响；反之，将使孩子压抑、焦虑，不利于其情感的发展。

此外，家庭情感氛围中的另一种重要构成因素是亲子关系，即父母与子女之间的关系，它是孩子在人生中接触到的第一个人际关系。在家庭中，亲子关系的表现是不平等的，父母在其中占有主导地位。父母如何处理亲子关系将决定这一关系的和谐、稳定程度，并影响幼儿对情感的理解和处理。在处理亲子关系的过程中，首先，父母应对幼儿充满关爱，父母的爱是亲子关系得以和谐发展的基础。同时，父母还要在爱子女的过程中教会幼儿去体验、理解父母的爱，并学着去爱父母、爱他人。其次，父母要尊重孩子的情感，以平等的身份与孩子交流，不能凡事独断专行，或要求孩子完全服从自己的意志而不顾孩子的感受，但也不能对孩子百依百顺、毫无原则。

（二）丰富学前儿童的情感体验

情感是人内心的一种特殊体验。对学前儿童进行情感教育，促进其情感发展，就要增加学前儿童的情感经历，丰富其情感体验。首先，父母可以增加学前儿童人际交往的机会，包括与父母、与其他家庭成员及与小伙伴等人的接触和交往。通过与不同人的交流，使学前儿童体味亲情、友情等各种不同的情感体验，从而丰富他们的情感经历。其次，父母还可以有意识地从生活中挖掘情感教育素材。比如，让学前儿童给下班的父母递上一双拖鞋，使其学会关爱父母；让学前儿童给乘车的孕妇让座，使其懂得关爱他人；带学前儿童到大自然中去，使其感受大自然的奇妙；让他们接触音乐、美术作品，培养他们的美感；给学前儿童讲一些故事、寓言，让他们学着去分辨美与丑、善与恶，培养正义感等。最后，父母还可以有意识地让学前儿童多参加一些社会活动，比如观看升国旗仪式、给灾区的小朋友捐款等，逐渐培养学前儿童各种高级的社会情感。

总之，家长应通过各种途径尽量挖掘生活中情感教育素材，一点一滴地丰富

学前儿童的情感体验，在他们幼小的心灵中播下各种情感的种子，这对学前儿童情感的丰富化、深刻化和社会化发展都有积极的促进作用。

（三）帮助学前儿童形成情绪调节的能力

对学前儿童进行情感教育的过程中，父母还要采取积极的教育手段对学前儿童进行教育和引导，帮助其形成良好的情绪调控能力。

（1）当学前儿童出现各种情绪时，父母应当正视和承认这种情绪而不是回避。比如，当孩子不知为何而不高兴时，父母不应简单地说："别哭了，爸爸/妈妈带你去买糖吃。"因为这样会使那个令孩子伤心的原因永远藏在孩子心中而无法释放。正确的做法应当是认真地问孩子："什么事让你这么伤心，能告诉我吗？"通过这样的询问，一方面可以使孩子学会恰当地描绘他目前的情绪，另一方面可以使他知道父母已经注意到了他的情绪状态，并且愿意和他分享那个令他伤心的原因。

（2）父母应当帮助学前儿童学会恰当地表达和合理地宣泄自己的情绪情感。无忧无虑、无拘无束乃是孩子的天性，鲁迅先生曾经说过，要让孩子"敢说、敢笑、敢怒、敢打"。父母不能一味地要求孩子控制自己的情绪，过于压抑会使孩子心理压力过大，不利于其心理健康。但是父母要教会孩子一些适当表达、合理宣泄自己情绪的方法。比如，当孩子过于激动的时候，可以进行一些体能运动，宣泄多余的精力；当孩子悲伤的时候，可以向父母、老师和小朋友倾诉自己的感受，而不是憋在心里。

（3）父母应当对孩子设立一定的规范，让孩子明白自己情绪情感的宣泄不能没有限度，不能妨碍其他人，使其从小养成良好的行为习惯。对于孩子的一些过激的破坏性行为，父母应当立即采取果断措施予以制止，比如孩子在受到挫折后摔东西、打人，或生气后打自己的头等。应该等孩子冷静一点时，再与他讨论、分析他的情绪及其原因。父母在分享孩子感受的同时，还应当让孩子明白，他的这些行为是不合适的，会导致严重的后果。值得一提的是，父母应当注意自己在孩子面前的榜样作用。父母遇到情绪困扰的时候，能否积极乐观地面对困难、想办法解决问题，对孩子的情绪调节能力有很大影响。

总之，早期情感教育对学前儿童的健康成长意义重大，父母在学前儿童情感教育中起着不可替代的作用，父母应对此给予足够的重视，并采用恰当的方法，对学前儿童进行教育、引导，促进他们健康成长。

第三节　学前儿童家庭的智能教育

一、学前儿童家庭智能教育的含义

（一）学前儿童的智能

智能是智力和能力的总称。对于智力，现在还没有一个公认的确切定义，但各种对智力的定义也有共同之处，概括起来，主要有三种说法：①智力是适应环境的能力，是学习的能力。②智力主要是抽象思维的能力。③智力就是能力和智能。林传鼎教授认为，人的智力主要包括自学能力、研究能力、思维能力、表达能力和组织能力。智力是使人能顺利地从事某种活动所需要的一般性认知能力，是一种综合的认识能力，由注意力、观察力、记忆力、想象力和思维力等基本因素组成，其中，思维力是核心。能力是一种直接影响活动效率，使活动顺利完成所必须具备的个性心理特征，是顺利完成或实现某种活动所必须的心理条件。它是人个性心理特征的一个重要方面。

（二）学前儿童智能教育

智能教育是有目的、有计划、有组织地向受教育者传授知识技能，发展智力和能力的教育。学前儿童智能教育是有计划地、有目的地引导学前儿童学习和掌握周围生活中粗浅的知识与技能，发展学前儿童智力和基本能力，培养学习兴趣与习惯的教育活动。学前儿童智能教育的重点是智力教育。

学前儿童智能教育与一般智能教育的概念不尽相同，学前儿童智能教育强调按学前儿童认知发展特点加以引导，使儿童获得粗浅知识，以增进学前儿童对周围环境的认识；强调学前儿童学习兴趣与习惯的培养；强调智慧发展的启蒙性。

（三）学前儿童家庭智能教育

家庭对学前儿童而言是重要的生活环境，父母在孩子发展过程中扮演着启蒙者的角色。智能教育是家庭教育的重要组成部分。学前儿童家庭智能教育是指在家庭中由成年人（大多数是父母）对婴幼儿实施的，旨在帮助婴幼儿扩大知识领域，发展智力才能，培养技能技巧等的教育活动，尤其要把观察力、注意力、记忆力、思维力、想象力、创造力等方面的培养与智能教育紧密结合起来，注重培养孩子的独立性、好奇心、创造欲与对知识学习的兴趣。在家庭智能教育过程中，家长要创造条件，使孩子既有动脑又有动手的机会，督促子女加强练习，使其心智发展水平与动作相协调。

二、学前儿童家庭智能教育的意义

学前儿童家庭智能教育的意义主要体现在早期智能教育对社会及个人发展的价值上。

（一）对学前儿童实施家庭智能教育能促进生产力发展和社会文明进步

当今的世界已经进入信息化时代，科学技术的发展通过各种渠道渗透社会生活的各个领域。科学技术的快速更新、科研成果的迅速转化，使人们的服务方式、消费方式、交往方式等都迅速发生变化。随着科学技术的发展，国与国之间的经济竞争更加激烈。从20世纪60年代开始，国际上生产方式和劳动结构发生了变化，脑力劳动在生产劳动中的比例逐渐增高。世界各国都深刻地认识到经济发展的速度取决于科学技术的水平，经济的竞争就是科学技术的竞争，科学技术的竞争就是教育的竞争，教育的竞争就是人才的竞争、智力的竞争。

学前期的智能教育是人生智力发展最迅速的时期，家庭又是学前儿童发展和成长最重要的场所之一，在家庭中对学前儿童进行有效的智能教育，可以为其长大后成为对社会有贡献的创新型人才奠定基础。

（二）实施家庭智能教育能满足学前儿童认知的需要，促进智力发展

智力的发展是人的全面发展的重要内容，通过智能教育可以使个体产生和具备接触与掌握人类文化精神财富的愿望和能力，领略人生的美与幸福。在学前时期，儿童的身心发展具有很强的可塑性，许多婴幼儿的追踪研究、智力测验、名人天才的自传分析和动物实验的大量材料都表明，学前期的智力发展在人生发展中起重要作用。家长要为孩子的智力发展提供有利条件，考虑孩子智力发展的最大可能性，在满足学前儿童认识需要的基础上因势利导，以促进其智力发展。

学前儿童家庭智能教育的社会价值与个体发展价值是统一的。一方面，发展智力可以为学前儿童今后的发展打下良好基础，为儿童今后的人生幸福创造条件，同时，有较高智力水平的人也是能为社会生产力发展做出贡献的人。另一方面，社会生产的发展和社会文明的进步也为人的智力的发展提供了最可靠保证，同时提出了更高的要求。

智能教育是整个教育的组成部分，同德、体、美一起构成完整的教育，智能教育为其他方面教育实施创造良好的条件。智能教育为学前儿童的全面发展提供了科学知识的基础和智力基础。因此，学前儿童智能教育与其他方面教育是互为条件、相互渗透的关系。

三、学前儿童家庭智能教育的主要任务

学前儿童家庭智能教育的主要任务包括：

（1）向学前儿童传授周围自然界和社会生活中的初步知识。

（2）发展学前儿童的智力。

（3）培养学前儿童对学习的兴趣、求知欲和良好的学习习惯。

（4）发展学前儿童的口语表达能力。

学前儿童家庭智能教育的四项任务是互相联系、互相促进的。良好的学习习惯是完善智育的重要条件。良好的学习习惯主要指集中注意力，会动脑筋想问题，能克服学习中的困难，能完成教师指定的任务，具有主动完成学习任务的积极性和坚持性等。兴趣和求知欲是学习的内动力，只有产生了学习的兴趣、求知的欲望，学前儿童才会乐于学习、主动探索，才能迅速发展学前儿童的智力。

四、学前儿童家庭智能教育的目标和内容

（一）婴儿家庭智能教育的目标和内容

1. 婴儿家庭智能教育的目标

对 3 岁前儿童实施家庭智能教育，就是要求家长要“发展小儿模仿、理解和运用语言的能力，通过语言和对周围环境事物的认识，使小儿智力得到发展，并使其获得简单知识”。

2. 婴儿家庭智能教育的内容

婴儿家庭智能教育的内容包括婴儿语言发展和认识能力培养两方面。

（1）婴儿语言发展的任务如下：引导婴儿笑出声音，从牙牙学语到掌握一定的词汇，并正确发音；培养婴儿理解语言的能力（指简短的句子），逐步懂得一些周围事物中常接触的生活知识；培养婴儿利用语言和成人交往，并表达自己的要求。

（2）婴儿各阶段语言发展的具体要求如下：①2 个月的婴儿成人在逗他时，伴随微笑能发出声音。②三四个月的婴儿能牙牙学语，被逗弄时能大声笑，5 个月会拉长声发喉音，能将头转向叫他名字的人，成人与他说话时，他的手脚不断活动。③6 个月的婴儿能发出比较复杂的声音，用不同声音表示不同反应，能分辨和蔼与严肃的表情和声音。④7 ～ 8 个月的婴儿能发“爸”“妈”等音节，有理解简单语言的能力，如能用眼睛找所问的东西，能做简单的回答性动作，如说“再见”时知道摆手，对于不要的东西会作出摇头动作。⑤5 ～ 11 个月的婴儿认识常见的人和物，会模仿叫“爸爸”“妈妈”。⑥12 ～ 15 个月的婴儿会用单词表达要求，会主动叫“爸爸”“妈妈”。⑦1 岁 3 个月至 1 岁半的婴儿会说一些简单

的词，如“再见”“给我”“不要”等，会说出自己的名字，对不会说的词句有时用表情来代替，认识自己的床位和衣服。⑧ 1 岁半至 2 岁的婴儿语言能力逐渐发展，词汇增加，会说由三四个字组成的短句。2 岁时知道常见物名称，喜欢跟成人学说话、唱歌、说歌谣，并且爱重复结尾的语句。

（3）婴儿认识能力发展的任务如下：在发展视觉、听觉、触觉等感觉的基础上，逐步发展注意、记忆、观察、思维等认识和适应环境的能力。

（4）对婴儿各阶段认识能力发展的具体要求如下：① 2 个月时，眼能随物移动，目视成人的脸及鲜艳的玩具和吸引他的动作。② 2 ～ 5 个月时，开始把视线从一种物体转移到另一种物体。5 个月时，会藏“猫猫”。③ 6 个月时，对周围环境的兴趣大为提高，能注视周围更多的事物和人。对不同的事物表现出不同的表情，会把注意力集中到他感兴趣的事物与鲜艳的玩具上，并采取相应的行动，会找当面藏起来的东西。④ 10 个月时，开始对自己感兴趣的事物作较长时间的观察，并会用手势和声音对观察到的事物表示不同的反应，会模仿观察过的某些动作和声音。⑤ 1 岁半至 2 岁时，注意力能短时间集中，观察图片能认识一些熟悉的物品或动物。⑥ 2 岁以后，能观察事物的变化，并在游戏中反映出来，看到常见的物品能知道它的用途，认识基本颜色、形状，有初步时间、空间、数的概念。

（二）幼儿家庭智能教育的目标和内容

1. 幼儿家庭智能教育的目标

幼儿家庭智能教育的目标是使 3 ～ 6 岁幼儿“形成对周围生活中粗浅的知识和技能，注重注意力、观察力、记忆力、思维力、想象力及语言表达力的发展，培养幼儿对学习的兴趣、求知欲望和良好的学习习惯”。

2. 幼儿家庭智能教育的内容

（1）传授周围自然界和社会生活中粗浅的知识和技能。向幼儿传授的知识主要来源于幼儿所接触的周围生活。幼儿对事物的认识具有直觉性、行动性和具体形象性特点，在大量直接经验的基础上，抽象概括的认识能力有所发展。所以主要使幼儿学习丰富的感性知识，积累丰富的感性经验。这些感性经验不仅是幼儿独立生活所必需的，也是发展思维、语言、形成幼儿知识的基础，并为其进入小学学习系统的文化科学知识做准备。在进行知识教育的同时，应着重发展幼儿的智力，可进行一些专门的智力活动，发展他们的听觉、视觉、触觉、分析问题和解决问题的能力。

（2）促进幼儿语言的发展。语言是幼儿交际的工具。幼儿正处在语言发展的敏感期，能基本掌握全部口头语言，词汇量逐渐增多。缺乏这方面的教育，则会产生语言发展缓慢和语言障碍现象。发展幼儿语言的任务是使幼儿发音正确、清楚，会说普通话，丰富幼儿的词汇，发展口头语言的表达能力。口头语言的培养是幼儿园语言教学的主要任务，为幼儿进入小学学习书面语言打下基础。

（3）培养幼儿学习兴趣、求知欲望和良好的学习习惯。学习兴趣和求知欲是发展智力、获得知识的先决条件。如果一个人没什么学习兴趣，那也不可能获得多少知识，智力也不可能高度发展。所以家长要注意培养幼儿学习的兴趣和求知欲望，还要培养幼儿良好的学习习惯。在学习时能注意听、仔细看、认真思考、积极提问题，能克服困难，对学习表现出主动性和积极性。良好的学习习惯是幼儿获得知识、技能、发展智力以及今后取得学业成功的必要条件。

幼儿家庭智能教育的三个目标是互相联系的，应有目的、有计划地在长期的教育中逐步实现。

五、实施学前儿童家庭智能教育应注意的环节

学前儿童家庭智能教育受到了人们越来越多的重视和关注，如何实施家庭智能教育是值得研讨的问题。一些家长望子成龙心切，整天让孩子上各种“兴趣班”“辅导班”，使孩子缺乏活动、游戏的机会，时刻处于一种非常紧张的状态。不少家长认为学前儿童智能教育就是要让孩子认字、背诗、学算术、画画、弹琴等，把智能教育等同于知识和技能的传授，忽视了全面发展。有的家长武断地为学前儿童选择一个成才的方向，一味追求时尚、赶潮流，忽视了孩子的兴趣、特点和爱好。这些都是常见的误区，在对学前儿童进行家庭智能教育时，应注意以下三个环节：

（一）为学前儿童营造一个良好的心理环境

良好的心理环境是儿童智能发展的前提条件。婴幼儿处于人生发展的最初阶段，身心的发展有赖于成人的培养。他们需要爱、温暖、安全和鼓励，需要游戏活动。在充满爱和温暖的环境中，儿童的智能才可能得到发展。作为父母，应树立正确的儿童观、教子观、人才观，给学前儿童的发展创造一个良好的心理环境。

（二）智能教育要适合学前儿童身心发展的特点

有些家长在对孩子进行教育时，一味追求早期智力方面的教育，而忽视健康教育、品德教育，这不免使家庭教育陷入片面化的僵局。智能教育要适合学前儿童身心发展特点，就是要开展得适时、适宜。所谓适时，就是要把握好教育时机，根据孩子的心理年龄特点和发展水平不失时机地进行教育。所谓适宜，就是智能教育内容的安排和教育方式的选择要考虑孩子的理解水平和接受能力。如果在学前期盲目地让孩子进行大量识字和计算活动，就会挫伤孩子的学习兴趣和身心健康，非但无益，反而有害。

（三）给儿童提供适宜的材料和活动

在家庭智能教育过程中，家长要注重给孩子提供适宜的材料和活动，可以给孩子买一些积木、积塑、儿童图画书、各种玩具等，也可采用看图讲故事、做游戏等方式，使孩子广泛接触大量事物，提供儿童操作和游戏的机会。同时在家庭空间布局方面，要尽可能地考虑和照顾儿童的需要，为儿童设置儿童房或儿童区。成人要多与学前儿童沟通、交流，了解孩子的兴趣和需求等。

第七章　家庭与社会的学前儿童科学教育

第一节　家庭中的学前儿童科学教育

家庭、幼儿园、社会是影响幼儿成长的三大环境因素。家庭是每个孩子最早接触的生活与成长环境，孩子在家庭环境中茁壮成长，家庭环境对幼儿的科学学习起着重要作用。家庭的物质生活环境构成了幼儿最初生活的基本环境，幼儿在日常生活中，通过自己的感官去观察、触摸、倾听家庭生活中各种物品的基本特征，在此基础上获得对这个世界的最初感性认识，其获得的基本科学素养为今后的学习奠定了基础。另外，家庭成员组成的人文环境也影响着幼儿心理的成熟和发展，一般而言，父母的知识水平、科学素养、教育方法及教育观念等会直接影响教育的质量和水平。父母是幼儿最早的科学启蒙老师，在家庭生活中，幼儿经常会追问父母一些关于“是什么”“为什么”“怎么样”的问题。

家庭科学教育和社会科学教育是学前教育的重要内容，是学前儿童科学教育中不可缺少的环节，家庭和社会是幼儿早期接受科学教育的重要环境。孩子进入幼儿园后，父母们往往会觉得轻松不少，因为他们觉得孩子既然已进入幼儿园，教育任务就应由幼儿园教师来完成。特别是对于科学教育，家长们一方面会觉得科学教育很重要，也很必要；另一方面又会感到工作忙、家务多，特别是觉得自己对科学教育内容不熟悉，因而忽视了家庭科学教育的特殊作用。实际上，家长和幼儿教师需要相互合作，因为他们有一个共同的目标——孩子。家庭和幼儿园是幼儿的两大重要教育场所，只有两者齐心协力，才能帮助幼儿更好地接受科学教育。

《纲要》指出：家庭是幼儿园重要的合作伙伴。应本着尊重、平等、合作的原则，争取家长的理解、支持和主动参与，并积极支持、帮助家长提高教育能力。在家庭中对幼儿进行科学教育具有重要意义。

一、家庭学前儿童科学教育的意义

（一）家庭是学前儿童最早的科学教育环境

发展生态学理论是美国学者尤里·布朗芬布伦纳创建的。该理论认为，儿童的发展受到与其有直接或间接联系的生态环境的制约，这种生态环境是由若干个相互镶嵌在一起的系统组成的，这些系统表现为一系列的同心圆。按照对儿童影响因素的大小，系统依次划分为微观系统、中观系统、外层系统、宏观系统和时代系统。微观系统是指儿童生活的场所及其周边环境，如家庭、幼儿园、学校、邻居和社区。它对儿童的影响巨大。中观系统是处于微观系统中的两个事物之间的关系或联系，如学校与家庭、学校与社区、家庭与学校。中观系统对儿童的发展有重大影响。外层系统则是儿童成长发展的延伸领域，如父母的工作场所、家庭生活条件、各种视听媒体。它对儿童的发展只有间接而无直接的影响。宏观系统是指儿童所处的社会文化背景，包括来自某种文化或亚文化的价值观念、信仰和信念、历史及其变化、政治和经济、社会机构等。时代系统则主要是指儿童所生活的时代及其所发生的社会历史事件。尤里·布朗芬布伦纳进一步指出，这些系统中的每一个系统都对儿童的发展有复杂的生态学意义；各个系统是相互联系、相互制约的，其中任何一个系统的变化都会波及另一个系统；生态环境的变化对其发展具有举足轻重的作用。在他的研究中发现，在错综复杂的因素中，对幼儿影响最直接、最大的是家庭。

学前儿童科学教育的内容大多来自家庭周围环境中常见的事物和现象。家庭是儿童最早接触的科学教育环境，儿童从出生到入园前就生活在家庭这一具体的环境中，并且与客观世界发生着各种各样的关系。例如，儿童呼吸新鲜空气，看见各种光线和物体，听到物体发出的各种声音，品尝食物的独特味道，嗅到许多物体散发的气味，触摸不同形状的物体并逐步了解各种物体的不同特性等。这些对周围物质世界的感知经验都是在家庭生活中获得的，并逐步在他们的大脑中建立起有关自然的最初步的认知结构。可以说，家庭是儿童开始学习科学的园地，儿童最早在家庭环境中形成的科学经验和能力将成为其以后接受幼儿园乃至学校科学教育的基础。

随机教育和有目的的教育是家庭教育极其有利的优势，对培养孩子学习科学的兴趣及探索欲有重要作用。家长可以积极创造条件，有计划、有目的地对幼儿进行科学教育，积极引导孩子去感知、去发现，通过探索的过程，发现科学的奥秘，获得成功的体验。孩子会非常珍惜自己探索来的成果，会增强对探索的兴趣。年龄特点导致孩子的发展水平有限，孩子可能无法说出很多科学道理，但他们可以在家长的帮助下，在适合自己的水平上经历科学发现的过程，获得科学经验。家长只有利用条件、创造条件给孩子以科学发现的机会，孩子才会在探索和获取知识的过程中真正体验到科学精神。

（二）父母是学前儿童最好的科学启蒙老师

人的教育是一项系统的教育工程，其中包含家庭教育、社会教育、集体（托幼园所、学校）教育，但在这项系统工程中，家庭教育是一切教育的基础。良好的家庭教育对于孩子的发展，对于后来的教育，都具有基础的奠定作用。20世纪80年代末，国际教育成就评价协会学前项目研究得出“幼儿教育不等于幼儿园教育”的结论，赋予幼儿教育新的内涵，引起了幼儿园课程的重大变革。将家庭教育纳入课程，充分挖掘家庭幼儿教育资源，促进幼儿身心全面发展，已成为国内外幼儿教育发展的趋势。父母是孩子的第一任教师，应该担负起教育的责任。家长应该转变只注重孩子技能、技巧的发展的观念，更应该重视渗透科学教育。孩子接触最多的是父母，受父母的影响也是最深的。如果家长树立科学的世界观，并且重视利用家庭的优势对孩子进行科学启蒙教育，那么对孩子科学素质的培养和发展将起到十分重要的作用，孩子会终身受益。

国外流传着这样一首育儿歌：挑剔中成长的孩子，学会指责；敌意中成长的孩子，学会争斗；讥笑中成长的孩子，学会羞怯；羞辱中成长的孩子，学会自疚；宽容中成长的孩子，学会忍让；鼓励中成长的孩子，学会自信。这首育儿歌包含着丰富的哲理，说明家长的教育思想、教育态度和教育方法等与孩子的身心发展有密切的联系。

美国儿童心理学家詹姆斯·毕伯库克曾对1300多位称职的父母做过调查，经研究，他归纳出了称职的父母的七点共性：

（1）喜欢且经常与孩子亲近，爱而有度，严而有格。

（2）关心孩子的思想和学习，乐于帮助孩子解决学习、生活中的一些困难。

（3）善于和孩子交流思想、沟通感情。

（4）家庭有明确的“公约”，使孩子有规可循。

（5）尊重孩子的兴趣和爱好。

（6）根据孩子的实际情况，给孩子提出合理的目标和要求。

（7）创造一个和谐、欢乐的家庭氛围。

在学前儿童的生活中，突然发生的某一自然现象、自然物、有趣新奇的科技产品、问题情境等都可以激发幼儿的好奇心，吸引幼儿去探究、去解决。因此，幼儿科学教育更多的是随机教育，它渗透在幼儿一日生活中随机进行。每天发生的随机经验对幼儿而言是最自然、最有意义、最容易了解的，也是最不会忘怀的，但如果不加以引导，就会成为过眼烟云，不会产生任何学习效果。例如，春天来了，幼儿发现天空中有许多飞舞的柳絮，这时家长和幼儿可以一起玩捉柳絮的游戏，游戏后引导幼儿思考：柳絮是从哪里来的？有什么好处？有什么不好？怎样避免呢？这些生活过程正是激发幼儿好奇心、引导幼儿探究的切入点。家长要抓住机会，运用一些问题让幼儿去思考、关注周围的世界，从小接受科学启蒙教育。

1. 大自然是家长对孩子实施科学教育最好的场所

大自然是个丰富多彩的物质世界，是幼儿接受科学教育很好的场所。所以，家长要经常带幼儿走进自然、观察自然、研究自然、利用自然。例如，春天利用散步时机，带幼儿走进自然，跟幼儿一起捕捉蝴蝶、瓢虫、蝈蝈等昆虫。幼儿先喂养捕捉到的昆虫，然后将其制成标本，创设一个活泼可爱的昆虫角。在活动过程中，幼儿通过听、看、尝、闻、触摸等各种感知，不仅满足了好奇心和渴望主动发现、主动探究的心理，还获得了对周围世界的认识和真实感受，从而产生热爱大自然、保护大自然的情感。

2. 利用生活中一切与科学有关的现象

除了大自然的科学知识，幼儿在生活中还会遇到许许多多与科学有关的现象，如有些物体会往地上掉，而有些东西可以向上飞等。这些现象可以引出地球引力和比空气轻的物体会向上飞的知识。再如，冬季孩子脱衣服时，有时会听到“噼里啪啦”的声音，家长就可以利用这个机会向孩子解释什么是静电，并与孩子开展一个“碎片跳舞”活动。

3. 利用科普方面的书籍对孩子进行科学教育

除了大自然和生活中的现象是可以随机向孩子进行科学教育的内容外，市场上有许多关于幼儿科普方面的书籍，如《我们身边的科学》《小牛顿科学馆实验万花筒》《科学全知道》《尖叫博物馆》《法布尔昆虫记》《幼儿百科》等，家长应充分利用这些科普书籍对孩子进行科学教育。

（三）家庭和幼儿园的科学教育紧密联系、相互补充

家园互动、共同对学前儿童进行科学教育是一种具有一定连续性的教育方式。它是对在幼儿园中习得的科学知识的巩固，同时家庭中的各种潜移默化的内容也是对幼儿园中习得的科学知识的补充。在家庭中，家长可以要求儿童复述在幼儿园中习得的科学知识，也可自主地开展一些科学探索活动、阅读文艺作品、观看影视作品等，对其进行扩展。此外，根据幼儿园教师的要求，开展一定的科学教育延伸活动，也不失为一种行之有效的科学教育手段。

二、家庭学前儿童科学教育的特点

（一）家庭幼儿科学教育具有个别性

家庭教育明显不同于幼儿园一对多的教育，是一对一或多对一的教育。家长可以在生活中对孩子一对一、面对面地进行指导。家长每天和孩子生活在一起，最了解孩子的兴趣爱好、认知需要和认知水平，孩子在家长面前也能自由自在地提出各种问题，因而，家长可以有效地培养孩子的科学兴趣和科学能力，解决孩子在科学方面的具体问题。

（二）家庭幼儿科学教育具有灵活性和随机性

灵活性和随机性是指家庭科学教育可以随时随地地开展，方法多样，形式灵活，内容丰富，不受时间、地点、形式的限制。家庭科学教育的内容与家庭生活紧密相连，学前儿童与父母在一起的日常生活中，会经常性地碰到各种各样的问题，这些问题可能涉及丰富的科学知识，父母须以此为契机开展科学教育，激发幼儿学习科学的兴趣和意识。家庭科学教育可以在家庭生活的每一个地方、每一个时间进行。例如，烧水时让儿童观察水的汽化现象，做饭时让儿童观察饺子的沉浮现象，春天可以了解种子的发芽过程，冬天带孩子赏雪等。生活中处处有科学，家长可以自然有效地、灵活多样地对学前儿童进行科学教育。

（三）家庭幼儿科学教育具有连续性和持久性

学前儿童与家长朝夕相处，家庭科学教育是在有意或无意、自觉或不自觉之中不间断进行的。在家庭环境中实施学前儿童科学教育，教育环境就是家庭，教育者可以是幼儿的父母、邻居、祖父母等，家长能通过多种么方式随时随地教育、影响子女，子女也在持续地接受不同家庭成员的教育，这就使家庭科学教育具有连续性和持久性。家庭科学教育的连续性往往会对家庭的多代人产生深远影响。

三、家庭幼儿科学教育的方法

（一）正确对待学前儿童的好奇、好问

学前儿童的天性就是好奇、好问，他们会对周围的一切充满好奇心。好奇心是学前儿童最初的科学探索行为的动力。学前儿童天生具有好奇心，当他们被某一事物或现象吸引时，常常表现得思维异常活跃、探索欲望特别强烈，也最容易接受成人的启发。作为儿童的第一任教师——家长，需要维护好儿童好奇、好问的天性，始终持鼓励、支持的态度，采用直接回答、引导思考、鼓励探索、指

导阅读、启发联想、留下期待等方法教育儿童。比如，当幼儿指着大树的影子问“影子是怎么来的”时，家长不仅可以鼓励幼儿进行探索，利用手电筒、大树图片等材料引导幼儿自己探索发现；还可以指导幼儿进行相关书籍的阅读，进而得知影子的原理。

大量研究表明，如果家长尽可能提供相对安全又开放的环境，并持有宽容的态度，将有利于保护学前儿童的好奇心。在日常生活中，学前儿童在好奇心的驱使下，在亲密的亲人面前会无拘无束地探索，甚至“搞破坏”，毫无顾忌地提出各种问题，还会兴致勃勃地报告他们的发现和“杰作”。家长应引导他们做下去，而不是嘲笑他们，否则，幼儿会终止自己的探究行为。好奇心能否持续存在并有效地为幼儿服务还依赖于家长和教师的策略。家长要善于利用悬念和猜想激发儿童的好奇心，鼓励他们猜测答案，让他们在渴求答案的心理状态下开始探索。

（二）利用家庭生活的有利条件，引导学前儿童观察周围事物

家长如果能够积极创造条件，引导孩子去感知探索的过程，发现科学的奥秘，获得成功的体验，孩子会非常珍惜自己探索的成果，会增强对探索的兴趣。比如，孩子喜欢玩水，每次洗手时都迟迟不肯洗好。家长这时可以找来几个大盆并将其装满水，利用家中的瓶子、筷子、木块、铁块等，让幼儿玩水，引导幼儿在玩的过程中发现水的一些特性。例如东西放在水里有什么发现？水在红色瓶子里时，为什么看起来是红色的？筷子放在水里，为什么看起来弯了？幼儿带着问题去玩水、去探究、去讨论，体验探究和发现的乐趣，感受获得科学知识的过程和方法。

（三）与幼儿园配合，家园互动

家园互动是对在幼儿园中习得的科学知识的巩固，同时，家庭中的各种潜移默化的内容也是对幼儿园中习得的科学知识的补充。在家庭中，家长可要求学前儿童复述在幼儿园中习得的科学知识，也可自主开展一些科学探索活动、阅读文艺作品、观看影视作品等，对其进行扩展。此外，根据幼儿园教师的要求，再开展一定的科学教育延伸活动，也不失为一种行之有效的科学教育手段。家园互动的方式有许多，如家长会、家园联系册、幼儿园组织的亲子活动、家长进课堂等，都不失为科学教育中家园互动的有效方式。

（四）运用各种途径引导幼儿学习科学

1. 通过儿童文学、影视作品

如今，儿童文学、影视作品的市场正蓬勃发展，而专门以科学为主题或者内

容中夹杂着科学知识的儿童文学、影视作品层出不穷，如《动物世界》《蓝猫淘气三千问》等，家长可以充分利用这些资源引导幼儿学习科学。

2. 通过日常口语交际

口语交际是日常生活中必不可少的一种信息沟通手段。学前儿童的年龄阶段特征之一就是幼儿对任何事物都有强烈的好奇心。正因为如此，家长应该抓住学前儿童的这一特性，通过口语交际，有的放矢地对他们开展科学教育。

3. 通过探究活动

科学探究活动是一种儿童在家长的协助下，亲自动手进行的探索活动。它能够培养学前儿童对科学的兴趣和求知欲，也能使学前儿童在亲身体验中明白科学探究的过程和方法。

第二节　学前儿童科学教育社会设施

学前儿童科学教育社会设施是指由政府主导提供，旨在保障学前儿童参与科学教育活动、提高科学素质基本需求，具备科学教育功能的基础性物质工程设施。科学教育社会设施是保证国家和社会普及科学技术知识、倡导科学方法、传播科学思想、弘扬科学精神、提高处理实际问题和参与公共事务能力等活动正常开展的公共服务体系，是科学教育事业赖以生存与发展的一般物质条件。

一、学前儿童科学教育社会设施的意义

（一）能弥补幼儿园和家庭科学教育的不足

学前儿童科学教育社会设施为儿童提供了学习科学的机会和场所，丰富了儿童的生活，对于开展科学教育发挥着幼儿园科学教育无法实现的作用。幼儿园科学教育因其材料、场所、设备等的限制，有些活动是难以开展的，如大型鱼类、野兽等的观察，有时只能用图片代替。在动物园、博物馆、科技馆、儿童活动中心等场所，儿童不仅可以从展示的内容中了解一些在幼儿园和家庭中无法观察到的事物或现象，还可以通过实践和操作增强对探索科学的兴趣，体会探索的乐趣。学前儿童科学教育社会设施为儿童科学教育提供了更多的观察和学习环境，在给儿童提供的内容和材料的多样性、新奇性方面，是幼儿园和家庭做不到的。无论是科学博物馆、动物园，还是社区的科学活动中心，都为儿童收集、陈列、展示了各种各样的有关自然物或自然现象的科学内容，为不同年龄、不同发展水平、不同个性的儿童提供了一个宽松的学习科学的环境。在这样的环境中，儿童以自己的兴趣、方法，在各自的基础上，经历科学探索

过程，理解科学的概念，学到了在幼儿园和家庭中学不到的东西，开阔了眼界，从而激发了好奇心。

（二）有助于培养儿童的社会交往能力

著名心理学家皮亚杰认为，语言导致行为的社会化。语言能力的培养对于孩子社会交往能力的培养有非常重要的作用。学前儿童科学教育社会设施是面向全体儿童的。在各种科学教育社会设施中活动的儿童，来自不同文化背景的家庭、不同的幼儿园，他们的年龄、发展水平、个性等都有着这样或那样的不同。在这些社会设施中，儿童得到了共同观察、操作、相互交往的机会，他们交流各自的体会，相互商量，共同实验。因此，他们不仅积累了大量的相关词汇，还增强了对语言的理解和运用能力，以及他们创造意义上的语言——交际语言的发展。学习这些交际语言能够促进儿童心理的协调发展，以及培养其社会交往能力，使他们学会做人、处事，从而变得更加完美。

二、学前儿童科学教育社会设施的建立原则

（一）为全社会儿童服务

科学教育社会设施的服务对象是全社会儿童，比如科技馆、儿童活动中心等都是为儿童服务的。1989 年联合国大会通过的《儿童权利合约》的基本精神之一为“无歧视原则”，即无论儿童来自何种文化背景，无论其民族、语言、宗教、性别如何，无论是正常儿童还是有障碍儿童，都应在不受任何歧视或忽视的情况下，享有他们的一切权利。因此，建立科学教育社会设施时，应考虑到全社会儿童的需要与愿望。

（二）提供多层次的材料和设备

科学不同于其他领域的教育，它需要为学前儿童提供各种各样的材料，引发他们思考、探索，从而获得直接经验。我国部分地区经济欠发达，还不能给学前儿童的科学教育提供良好的物质基础，如一些幼儿园办学条件较差，幼儿园的环境和设施十分简陋，不具备开展学前儿童科学教育的基础。这就需要社会提供多种层次的材料和设备，比如磁性材料、建构材料、电与光材料等。而有些科学教育方面的材料和设备是幼儿园无法承担和安置的，比如大型的、比较昂贵的设备等，也需要社会提供。因此，科学教育社会设施要为不同个性的儿童提供不同层次的材料和设备，这样才能为儿童所接受，才能激发他们学习的愿望，并使他们的学习获得成功。

（三）提供能直接接触的材料和设备

以往的科学教育社会设施多以图片展示为主（用眼观看），辅以讲解员枯燥、单调或是儿童难以理解的解说，儿童难以从中获得感性经验，更缺乏探索的兴趣。所以，建立科学教育社会设施时，应提供能让儿童直接接触的材料和设备，通过让儿童看一看、摸一摸、听一听、闻一闻、做一做、摆一摆等方式直接接触物体，使儿童获得第一手经验或直接感知。

（四）以个别的、分散的自由活动为主

科学教育社会设施是适合不同个性儿童学习科学的场所，每个儿童都能从中找到自己的兴趣所在，所以，建立科学教育社会设施时，应考虑这样的需要。例如在区域划分方面、内容安排方面做到有分有合，这样既有利于个别儿童专心致志地“研究”，又有利于儿童之间相互交流。

第八章　幼儿园与家庭合作的益处与障碍

第一节　幼儿园与家庭合作的益处

与家长建立好的合作关系会让幼儿园、教师、家长，尤其是孩子从中获益；同时可以强化幼儿在园教育的效果，支持家长的成长，促进教师的专业发展。

一、对幼儿的益处

除家庭外，学前教育机构对儿童发展产生重要影响。在许多城市，幼儿每天要在幼儿园里吃午饭、睡午觉，在幼儿园度过 6 ～ 8 小时。一般而言，幼儿园教师是幼儿长期接触的第一个家庭成员以外的成人。教师与家庭的关系会影响幼儿在幼儿园的安全感，影响幼儿的认知发展，影响他们的同伴关系和自我价值感，影响他们未来的学业适应。

（一）有助于幼儿建立安全感

幼儿需要与“重要他人”建立积极的个人关系，建立安全感和自我价值感。根据埃里克森的理论，当婴幼儿从照顾者身上获得可预测的、一致的反应时，他们能培养对周围人和环境的信任感。早期安全的亲子关系是婴幼儿建立信任感和安全感的基础。舒服而温暖的身体接触，积极敏感、同步化的回应，会让婴儿对某些人产生依恋。这是一种持久的、情感的、习得的反应，这种亲子间安全的依恋关系是孩子信任他人、信任周围环境的基础。

早期安全的亲子依恋关系是儿童日后安全的人际关系与互动模式的基础，是发展健全人格的关键。3 岁以后，幼儿开始能与家庭成员以外的人建立多重依恋关系，他们进入幼儿园后，幼儿园教师开始成为孩子的社会化代理人。如果幼儿能与教师建立安全、健康的依恋关系，将有助于他们对幼儿园的环境建立安全感，有助于他们适应和探索幼儿园的环境。

与母亲建立了积极依恋关系的幼儿，在进入幼儿园时，如果看到父母与幼儿园里的教师相处融洽，孩子可能会将这种依恋关系延伸至教师。如果孩子看到家庭与幼儿园、家长与教师之间相处得很自在，相互信任，没有阻隔，就会对幼儿园和教师产生积极的情感体验，并感到幼儿园环境是安全的，这可以减轻刚入园的幼儿对新环境的焦虑程度，也有利于孩子日后对幼儿园和学校、对学习和同伴关系保持积极的态度。

只有家人和教师愿意相互了解和尊重，孩子才能感受到家庭与幼儿园环境的连贯性。积极的亲师关系也将为孩子树立合作和人际沟通的良好榜样。所以，教师不仅要与孩子建立健康的师幼关系，还要主动与家庭建立相互信任、相互尊重的亲师关系。

（二）有助于幼儿建立积极的社会关系和自我价值感

当孩子察觉自己的家人受到重视与尊重时，自我价值感也会随之提高。因为孩子对自我形象的认知，与他对父母形象的认知息息相关。一方面，若父母获得他人的正面回应，孩子也会觉得自己有价值且受到重视；另一方面，如果孩子察觉到教师忽视或鄙视自己的父母，他们的自尊也会因此受创。

例如，早晨教师主动和姗姗的爸爸打招呼，并询问周末的家庭活动，姗姗很开心。因为在她眼中，教师和爸爸是朋友。这也就表示爸爸对于教师而言是特别的人，这让姗姗觉得自己受到礼遇和重视。

有时教师会刻板地认为，某些家长不会主动和教师沟通，但只要教师愿意主动、真诚地接触所有家庭，父母多数时候会给予积极的回应。家长都期望子女成功，且乐于以实际行动支持幼儿园教育。研究证明，家长参与不仅可改善孩子在园表现，还可使孩子对幼儿园持有更正面的态度。

（三）有助于幼儿适应幼儿园

如果家长和教师能经常就孩子成长的相关信息，即他们对孩子的观察、看法、孩子对特定事件的反应、孩子生活环境的改变等进行交流，他们就更能从彼此的交流中获得相关信息，并给予孩子个性化的、最适切的回应。家长和教师间充分的信息交流，使家长和教师更清楚、全面地了解孩子，更有助于共同制定孩子的发展目标，并相互配合。

在某些情况下，教师和家长可以彼此配合，对儿童的某一类行为给予一致的反应，也有助于儿童的学习。例如，如果洋洋每次遇到挫折都会发牢骚，教师和家长就可以事先沟通，他们的共同反应是不理会洋洋的发牢骚行为，而是将他的注意力转移到其他事物上。这种做法应该会减少孩子发牢骚的情况。

教师和家长合作，相互交流信息、扩展他们的教育、教养技巧，会对孩子产生积极的影响。研究显示，若家长积极与教师合作，孩子的学业、自我形象和智力都会有所改善。

二、对家长的益处

与幼儿园的教师合作，对家长有哪些好处呢？

（一）让家长感到被支持

亲师合作最直接的好处是让家长感觉到有人支持自己为人父母的责任。现代社会中，有些父母往往还没做好准备就为人父母并独立承担起为人父母的角色。尤其是在陌生城市打拼的年轻人，当他们遇到生活中的具体问题时，常常感到孤单、困惑、孤立无援。

良好的亲师关系，可以让家长与教师分享生活中的美好与难关，并且有利于舒缓家长的紧张和焦虑情绪。研究表明，如果母亲有机会向愿意倾听的人诉说心事和忧虑，她们对孩子会更有耐心、更留心倾听孩子的话，对孩子的需求也更为敏感。家长与教师之间良好的关系，能给予家长更多的支持。意大利教育家瑞吉欧认为，家长参与是优良幼教课程中的特色，不能让家长孤军奋战，需要有人与他们合作、分担责任，帮助并支持他们。良好的亲师关系以及由此产生的教养行为的微妙变化，将优化孩子成长的微观系统，有利于儿童和家长的成长和适应。

（二）帮助家长掌握教养的知识和技巧

教师接受过良好的儿童发展和教育理论训练，理解孩子的成长及个别差异，拥有有效指导幼儿的专业技能。父母通过与教师的交谈，观察教师与孩子的互动，可扩展自己的育儿知识和观念，成为更称职的父母。这种学习方式不会损及父母的自尊，只要教师细心营造双方平等的关系，家长即可在信任、安全、放松的气氛中学习。

（三）提高父母的自尊

父母的自尊对孩子的发展非常重要。自信的父母能尽快掌握并应用适当的教养技巧，为孩子提供安全的环境并培养孩子积极的个性。所以，提高父母的自尊水平，将有助于他们更好地履行父母职责，有助于培养孩子的自尊。研究显示，父母积极参与学校、幼儿园教育，对父母角色的执行情况及其自尊心的发展有积极的作用。

亲师合作使家长有机会与孩子的教师（尤其是从事儿童发展与教育的“专业人员”）保持持续的联系，并从教师那里获得具体的肯定的反馈，这在某种程度上强化、矫正了父母的教养行为，也提高了他们为人父母的自尊心。

亲师合作让父母感到自己在孩子的学校和家庭中都是重要的一员，自己参与了孩子成长和受教育的过程，这也有助于他们产生自己是称职父母的认同感。父母觉得一切都在自己的掌控中，也确定孩子所受的教育和照顾符合他们的期望，确认自己有能力满足孩子成长的需求，这种被需要和被接纳的感受，对所有父母都很有帮助，尤其是对父亲而言。

三、对教师的益处

亲师合作对教师的专业发展和积极乐观心态的培养有很大的帮助。

（一）更全面地了解孩子

亲师合作对教师最大的益处是能让教师全面了解每个孩子：了解每个孩子的个性、日常生活情况及早期经验；了解每个孩子的家庭所具有的行为特征和价值观，家庭传统、家庭结构和家庭关系；了解每个孩子父母的儿童观、父母期望和教养行为等。

当教师抱着开放的学习态度与家长互动时，就能从中知道许多孩子平日的生活情况。这样不仅对可能尚无为人父母经验的教师有帮助，也可以扩展教师的见解，进而将好的经验和做法传递给其他家长。

（二）获得积极反馈，提高胜任感

当别人肯定自己在工作上的表现时，自信也会随之提升。家长的肯定与合作，认可了教师的努力，表现了对教师的重视和尊重。这有助于提升教师的专业成就感。

教师与家长合作时也会遇到挫折。因为在涉及人的个性、需求、人性中的弱点等复杂的人际问题时，不可能有百分之百的成功。只要愿意真诚、主动地与家长互动，这种努力总会有回报。而且，当不可避免的摩擦发生时，与家长建立积极关系的教师更容易化解分歧。

主动与家长互动或许并不容易，尤其是对那些不习惯社交场合的教师更是如此。事实上，教师提升自信后所带来的积极影响之一，就是个人的社交技巧也会随之扩展。

参与过学校活动的家长，对教师的工作和辛苦有更深入的了解，对教师的活动安排和课程安排也能更好地理解，他们会更支持教师的工作，更乐于与幼儿园建立广泛的合作关系，更积极地参与幼儿园的相关活动。

合作关系对幼儿、家长和教师都非常重要。通过合作，教师与家长的某些个人情感需求能得到满足，这对教育的效果有极大的影响。

（三）获得可利用的家长资源

教师个人的时间、精力、知识、创意及经验等资源有限，而家长却可提供更多这方面和其他方面的资源。在幼儿园参与过“故事妈妈”的家长，回到家中也会继续陪孩子读书。一项针对家长参与子女教育的研究报告指出，父母主动参与会提高教师的教学效果。原因之一是高参与度的家长清楚地知道孩子在校园发生的事，他们在家时会有针对性地与幼儿互动、谈话和活动，这将加强教师在校的教学效果。

总之，对教师而言，要更好地教导幼儿，最好的方式就是尽量满足合作家庭整体的需要。教师与家长间的合作可谓共赢，但其实获益最大的是他们照顾和教导的孩子。当然，参与其中的所有成人，也会因此提高自己努力的成效。

第二节　幼儿园与家庭合作的障碍

教师在与家长沟通时会遇到各种问题：教师，尤其是新教师可能会害怕与家长交流，在面对受过良好教育的家长时，他们会“怯场”；教师也可能会觉得家长比较以自我为中心，只关注自己的孩子，或者感觉家长不合作；教师也可能会觉得没必要与家长沟通，家长本应会照顾、养育自己的孩子。

家长在与教师沟通时也有很多潜在的障碍：家长会觉得教师很忙，不好意思打扰教师；觉得自己的问题很傻，担心被教师“嘲笑”或“批评”；觉得教师不认同自己的教养观念；觉得教师会认为自己以自我为中心，只关注自己的孩子等。

沟通的障碍可能让教师和家长都感到不自在。但是，沟通通常是在幼儿园进行的，而幼儿园是教师工作的场所，这会给教师带来环境上的优势，教师必须采取主动行动，并承担与此类优势相伴而存在的责任。所以教师必须负责创造一种利于对话的氛围，他必须了解他与家长之间的隔阂不仅是因为家长的经历和感受，还因为教师自己的态度和行为，应避免产生这种隔阂，加强家长的舒服感。

一、教师和家长的角色不同

由于家长和教师的角色不同，家长和教师通常都对如何接触和看待幼儿有不同的见解。由于亲子关系的存在，家长可能更偏袒、保护自己的孩子，对自己的孩子更专注，有特殊的期待、目标和强烈的情感；而教师更注重孩子们的共性，会以社会化和国家规定的培养目标设定的广泛发展标准来评价孩子。教师在与幼儿相处时，会有更高的职业热情和更多的理性。

由于教师和家长承担的角色不同，出发点也不同，他们对同一件事情的观点、态度和应对方式也不同。由于角色不同，家长和教师对孩子成长中责任的归属也有不同看法。对家长而言，似乎所有与孩子相关的事物及其行为表现都是家长的责任，父母因孩子在幼儿园感到担忧，他们经常感觉教师在评价自己和自己所扮演的亲职角色，因此他们很容易感到自己的个人形象受到威胁，进而会无意识地避开这种威胁。这一特点使父母对教师暗示性的批评很敏感。当教师讲述孩子的缺点时，家长会认为教师在暗示性地批评他们，进而会避开教师或采取防御机制，而不是听取教师的客观评价并作出建设性的回应与互动。

对教师也是如此，教师同样害怕受伤害。虽然教师无须完全的承担责任，但会将家长的质疑当成批评。家长的质疑经常让教师感到自己没有尽责，进而作出防御性回避反应，这种回避、推诿责任的方法，只会让家长更不信任教师。

有些年轻教师还会害怕因为自己的教学经验少或自己缺乏为人父母的经验而不被家长接受。他们对自己的能力没有足够的自信，担心交流会让家长发现他们的错误或不足的地方，担心“言多必失”。因此，他们不自觉地用自己的行为和表情，在教室门口放置了“请勿进入”的隐形招牌，告诉家长他们的出现和意见都是不受欢迎的。

怕受伤害让人们变得太有防御心。防御心对教师和家庭成员都是一种缺憾。当家长心生防御时，他们会变得好战、有敌意，并攻击教师所拥有的技能和知识；当教师心生防御时，他们则会将想法藏于“专业”的面具之下。

有防御心的教师太依赖自己专业的形象，在家长面前，他们似乎知道所有关于照顾孩子的解决方案和最重要的方面。这种夸大的“专业行为”会让家长感到畏惧，让他们不想接近教师，其实这可能也是教师不自觉的目标。这种教师通常很难了解家长可以做的贡献和他们应该有的权力，因为觉得自己的控制权不稳固，所以很难与家长分享权力。他们认为：“毕竟我是受过训练的。坦白说，我不懂没有受过训练的家长为什么能参与规划策略、提出建议，或干涉我在教室里做的事。”家长会察觉到教师在过度强调专业而设置距离，进而回避与教师沟通和合作。

所以，亲师合作关系的形成及家庭参与的深度与教师专业的发展阶段有关。在职业发展和专业成熟的早期，教师与家长的关系可能会比较疏离。

总之，每个人都拥有完整人格、过去经历、现有追求和影响他们行为与决策的认知和反应情境。“人类不管在什么年龄，都会被两条强而有力、编织完整的网络线所牵绊住。那就是过去和现在加缚在他们身上的经验。”教师要对家长的话语和行为中所传递的信息高度敏感，对亲师互动中阻碍父母参与、阻碍教师不愿意让父母参与的因素敏感，以促进亲师合作。

二、权力范围问题

每个人都会有权力意识，或利用权力控制他人，或通过分享自己的权力，与他人合作或沟通。家长认为他们应该拥有做决定或执行所有与孩子有关问题的权力。因为他们要抚养孩子，对孩子承担永久责任，并为孩子将来的成败负责。

但是，当孩子入学后，多数情况下，幼儿园才是孩子所接受的教育（课程或活动）的决定者，教室是教师的“权力范围”。所以，家长在幼儿园或教室与教师讨论孩子的教育问题时，可能更没有安全感。如果教师固守自己的“势力范围”，以专家自居，就会引起家长的负面情绪。家长还会害怕他们所提出的问题或意见会激怒教师，害怕教师趁自己不在时，对他们的孩子挟怨报复。比如，有的家长对幼儿园孩子的美术课持反对态度，“我想要告诉他的教师，其实我很不喜欢她让孩子们进行这种会弄得脏兮兮的美术活动，但如果她因此生气，找孩子的麻烦怎么办？那我当然还是不要说的好。”这是很多父母在与教师沟通时的担忧，但事实上，相关研究表明，教师并不会因为不认同家长的意见而不喜欢或忽视他们的孩子，有时反而会对这些孩子付出更多的关心，来改善家长的不悦。

教师和家长在孩子的发展中承担不同的角色，双方都要对彼此的角色有清晰的界定。如果角色界定模糊，一方“越权”，就可能会导致亲师冲突。

总之，亲师合作成功的前提条件是：教师真诚地与家长分享其权力，并且让家长感到与教师具有平等的地位，让家长感到自己也能为幼儿园班级建设做出自己的贡献；同时家长和教师彼此都要界定好自己的角色，对孩子的成长不越俎代庖。

三、信任问题

教师们都清楚地知道，与孩子建立信任关系是支持孩子成长的第一步，建立家庭对教师的信任关系是家庭能否对幼儿园持有信心的关键。但是，在亲师合作中，教师和家长都可能因为偏见或曲解而产生信任的问题。

一方面，教师对家长的看法会受社会刻板印象的影响。教师与家庭合作时，会发现孩子们的家庭背景完全不同。教师对与自己相似的人群比较了解，但对其他人群的生活形态、价值观和思考模式了解得不多，他们可能会根据不同家长的社会阶层、教育程度、婚姻状况、经济状况、地域等，对家长形成一定的刻板印象。基于这些刻板印象而做出的假设，可能会使教师很难对家长采取开放的态度，了解家长真正的个性、需要和期望。

另一方面，家长对教师也会产生不信任感。家长会担心自己的孩子是否真正被教师接纳，很多家长都不确定孩子在幼儿园时，教师是怎样对待孩子的。如果家长幼年有痛苦的学校经历和记忆，可能就会不自觉地害怕教师，认为教师就是会不赞同，或只会更正、“挫败”父母的想法。这些家长容易在亲师互动中感到不受尊重或被曲解。

如果教师不认同家长的生活形态，或只是因为家长的社会经济地位较低，便以想要帮助他们的态度接近他们，或是以一种高高在上的姿态与家长沟通，就无益于建立平等关系。家长也会避免与那些态度、举止表现、沟通模式和期望与他们不同的教师接触。“那个教师喔……我不知道……她太会说话了。”外来务工的张先生这样评价儿子的教师，这就是家长和教师的生活太不相同，而教师又太急于要“引导”家长的教养行为导致的隔阂与不信任。

总之，信任可从两方面考虑：一是家长相信自己和孩子能够被接纳与尊重，二是教师相信家长的观点和经验是有价值的。真诚的尊重可以让教师更努力地理解家庭的多元化，以开放的态度与家长沟通，赢得家长的接纳与信任。

教师必须经常提醒自己：和家长合作是教师的责任之一。家长由于缺乏对幼儿园环境的认识，可能比教师更不自在。作为教室里的“领导者”，教师就要像女主人一样，不要让客人在她自己的客厅里觉得茫然、无人交谈，感到不自在，要主动和家长对话，并时时提醒自己：自己的个性和交往的自在感可能也会影响家长。家长的个性也会不自觉影响教师对他们的看法。教师可能会将沉默的家长或还没准备好投入与教师交谈的家长解读为“摆架子”或“自以为是”。总之，教师应重视自我觉察能力的培养，随着成功经验的积累，个性和社会交往特征对沟通过程的干扰会越来越小。

第三节　解决合作中的问题

人各有不同，有些家长非常合作；但也有些家长，无论教师怎样努力，他们都很少有积极的回应；还有些家长很难相处，他们的态度和行为让人难以忍受。家长与教师消极的亲师互动，从挑战教师的专业度到漠不关心的态度，都可能成为教师长期困扰的来源，使教师不自觉地逃避与家长接触，间接影响孩子的发展。教师应发展相关的技巧与策略，对抗这种困境。

接下来笔者将讨论家长这些不合作行为背后的原因与解决的策略，这并不表示所有的困难都能迎刃而解，但可以帮助教师面对这些问题，让教师深信，建立亲师合作关系是自己的责任，也是值得努力追求的目标。

一、敌意

典型的敌意是互相指责，例如，“我的儿子和以前的教师相处时没有这些问题，如果要我说，一定是教师有什么问题，孩子才会不服从他，别告诉我他需要限制，我想是你出了问题”。

当教师遇到这样的攻击时，可以思考以下六个问题。

（一）敌视是一种面具

敌视有时候只是表面现象。教师应该理性地认识到，质疑他人的做法或评价是一种健康的自我主张，但有些家长不善于义正词严地表达，而是表现出攻击性，家长的怒吼可能是因为他们的无力感和无助感。

例如，当教师告知家长，他们的孩子有发展上的问题与障碍时，有些家长就可能将悲伤的情绪伪装成敌意，家长的这种防御反应其实是他们处理自己情绪的方式，而不是有意攻击教师或拒绝教师对孩子的关心和教育。

此外，如果家长的教养效能感不足，也会强烈抗拒教师的评论。所以，教师在给家长的怒吼贴上“敌意”的标签之前，要慎重思考家长的情绪状态。

（二）应对家长的敌视与愤怒

当家长冲动或发怒时，是无法有效沟通的，此时教师的任务就是平息家长的怒气，使沟通顺利进行。

1. 保持冷静

为化解家长的怒气，教师保持冷静是很重要的。教师在探询家长情绪背后的原因时，应该避免受家长的情绪控制。当教师受到家长愤怒的情绪牵连时，可能产生挫折、害怕、伤心、无助与生气等反应，这会强化家长的反应，引起他们更强烈的且具有冲动性的情绪和行为，也可能会使局面失控。所以，教师为了自己的心理健康，也为了问题的顺利解决，一定要保持冷静，即便内心受到冲击，也应保持外表镇定，尽可能不被情绪影响。

面对愤怒的家长，教师可以采取以下做法：

（1）用平缓的语气和家长交流，家长的声音越大，教师就要越缓和地说话，并且保持开放、积极的肢体语言，避免双臂交叉相抱或缺乏目光接触。

（2）对家长的冲动行为积极归因。教师应该将家长的冲动行为归因于他们亲职角色的情绪宣泄，而不是对教师的人身攻击，这样教师就能保持冷静并努力以客观的态度支持家长，从家长的角度看待问题，理解家长的情绪并寻求解决问题的方法，避免在家长冲动的时候指责他们的教养行为。例如，“你不要对我的教法有意见。如果你有尽到父母一半的责任，孩子就不会有这些问题了。”这样只会使家长更愤怒。

（3）学习并能控制自己的情绪，这是非常重要的。教师不能在家长面前失控。教师的工作就是承诺帮助孩子及其家长。

2. 正视与接受家长的愤怒

面对愤怒反应的第一步就是去接受它。无论家长对事实的知觉有多扭曲，他们表达出来的情绪都是真实的。接受他人的感觉并不代表放弃自己的观点，只是表现出对其他人的体谅和宽容。

接受家长的情绪表达，说出他们的感受，会让家长感到教师对他们真正的关心和对他们的认同与理解。例如，“听到我对皓皓行为的评论，你感到很生气，是吗？”这样的沟通表明，教师已经清楚地注意到家长传达的信息，认可了他们的愤怒，因而能消除家长表达更多怒气的可能。

如果家长的愤怒源于教师的疏忽，教师必须做好准备，公开坦诚地承认错误或表示负责，以同理心回应家长的挫败和愤怒，然后制订一个计划，保证事情不会再发生，唯有诚实才能减轻敌意。例如，“这件事是我的错误，我感到很抱歉。如果事情发生在我的孩子身上，我也会很生气，这类事情以后不会再发生了。”

（三）就事论事

与家长交流时，教师要尽可能描述孩子的行为而非个性。教师要学会陈述事实，而不是评价事实。描述事实，而不是贴标签，更容易让家长接受。

教师的不当反应：“明明是一个喜欢欺负别人的孩子。”

教师的适当反应：“我注意到，明明没有遵守我们班不可以打人的规定，这个礼拜他三次和小朋友一言不合就打起来了，他在家里也会打人吗？”

在第二种情况下，家长更可能做出响应，提供信息与建议，而第一个陈述方式可能会让家长产生防卫、生气的反应。如果教师仔细选择表述事实的方式来描述孩子的行为，不加入自己的评价，家长可能更乐于参与对话、解决问题，而不是当个旁观者。

（四）用“我—信息”的表达方式

如果教师跟家长商量问题时太过直接，可能会引起家长的反感。应使用愉快的方式，用“我—信息”的沟通方法，用家长感兴趣和关心的描述，引出真正的问题。例如，“我很感激你这么关心明明，父母对孩子的关心是最重要的，我最在意的是他独立自主的能力，希望我们能共同想出办法帮助明明。”

“我—信息”的沟通方法由三部分组成：

“当……”描述让教师为难的行为。

“我觉得……”描述行为的感受或结果。

“因为……”描述令教师为难的理由。

例如：

“当洋洋出手打人时，我会觉得很难过，因为我无法帮助他遵守班级规定，确保班级环境的安全。”

“当洋洋忘记我们的规则时，我很担心他自我控制能力的发展。”

“当你拒绝讨论这些问题时，我感到很难过，因为这些问题对于提高孩子的适应能力非常重要。”

采用“我—信息”的沟通方式，可减少家长的防御和怒气，有助于家长正视问题，提供信息，共同探讨解决问题的办法。

（五）尊重父母关注的问题

教师要慎重对待恼怒的家长所关心的事，这些问题对父母来说非常重要，不能忽视。教师应记录家长的抱怨，让他们真实地面对自己的感觉，表明教师尊重家长，重视家长关注的事情和家长的感受。另外，教师也要听取家长有关解决问题的建议，并记录下来，虽然不一定采用，但这表明教师尊重家长的意见。

（六）重新拟定讨论议程

愤怒是一种强而有力的情绪，如果不加以控制就可能造成危害，但也可以成为发现问题、解决问题的动力。

如果无法当场减少愤怒，顺利沟通，那么另外安排会面时间才是明智之举。教师、孩子和家长都不能从愤怒的冲突中获益，所以可另外安排会面时间，让愤怒平息。例如，“我不认为我们今天能达成任何共识，下周三这个时间能再见一次面吗？也许我们会同时想出新点子。”

下一次会面，教师可邀请同事或园长作陪，因为旁观者可以不带情绪，快速且充分地处理其他人的问题。和同事一起讨论也能帮助教师从不同观点来看待问题，有利于问题的顺利解决。

二、冷漠

晓轩老师注意到她的班上有两位家长根本联系不上，他们看起来似乎有些冷漠，不关心孩子的发展和需求，也不参加幼儿园的任何活动。

做出这些冷漠的行为有很多种可能原因，其中一种是过大的生活压力使家长无法全心照顾孩子，他们没有多余的精力去关心孩子的情感与人际需求。这样的父母会将孩子交给信任的教师，自己则忙于生计。

有些处境不利的儿童家长，因为出生地及经济等问题，在与教师互动时感到不适或退缩，也可能会冷漠。不参与或冷漠可能是为了掩饰不利的处境或其他问题。

有些家长的冷漠来自他们童年的经历，如童年处于不正常的亲子关系中，或者有过不良的师生关系，这些都会使他们忽略孩子的需求或逃避与教师的互动。

无论家长出于什么原因不与教师联系，教师都会产生挫败感而回避这些家长，无形中拉大彼此之间的距离，并将责任推卸给家长。

所以，教师要学会接受“拒绝”，处理“拒绝”，遭到拒绝时不放弃，认真分析家长不积极的原因，并将拒绝看成因为自己没有找到合适的联络方法而导致的，在被拒绝后，重新思考新的联络方法。

三、过度参与

家长过度参与学校事务，也不利于亲师互动和孩子的发展，不利于孩子独立性的发展。过度参与的家长可能会全面干预孩子的生活，紧迫盯人，急于看到孩子的成就和发展，并随时准备好处理孩子面临的各种问题。他们相信自己的孩子是最优秀的，并向教师要求各种保护、特权或表现的机会，不时地给教师建议和批评，而不听取教师对孩子的观察和建议，甚至在教师照顾孩子或开始准备活动时介入课堂，与教师谈话。

教师应了解家长的行为动机，据此处理问题，家长过度参与的动机包括以下四个方面。

（一）父母自己的分离焦虑

有些家长因为不愿与孩子分开而显得难过、焦虑，这是父母成长过程中很自然的经验，积极处理这种情绪对孩子和家长都是很重要的。

对此，教师应向家长保证，会妥善照顾孩子，定期提供具体的信息，让家长知道教师对孩子的关注。另外，理解家长的感受，并与家长讨论分离焦虑，鼓励家长分享他们的心情与想法，这样的沟通有助于提醒家长认识到孩子有独立成长的需求。

只要是为了孩子的发展着想，大多数家长都会尽力配合。

（二）个人需求不满足

如果家长因为个人、社交或情感需求不满足而过度卷入孩子的生活，教师可以鼓励他们的付出，一味地禁止反而会造成反效果，对家长和幼儿园毫无帮助。

若家长过度参与课堂活动，教师应设法转移家长的注意力，正视并善用他们的长处，真心感谢他们的付出，并邀请他们做园方安排的义工工作，如帮忙准备午餐、安慰烦躁孩子、修补玩具、读书给孩子听或打电话通知其他家长会议的安排等，这些付出对孩子的独立无害，又能让家长有成就感。

（三）缺乏安全感

对于那些急于展现自己知识和能力的家长，教师的能力和对教室的控制力让他们没有安全感。如果教师能强调亲师间的伙伴合作关系，听取家长对孩子的意见，家长不受重视的感觉就会消除。教师可以采用这样的表达方式："你对你的孩子很有办法，找机会我们聊聊孩子在家里的活动。"

教师必须承认，许多家长真的比自己更博学，只要能将家长的知识和贡献引入正途，就能减少批评和抱怨。"你对阅读的见解很棒，能否请您写一篇小短文，我们制作一份关于阅读的简报发给家长，我想很多家长都会很有兴趣。"

如果家长不愿听从教师的意见，教师要坚定立场，但不可贬低家长的意见或与之敌对，幼儿园行政部门对家长参与也应有相关规定，以便管理。

（四）没完没了的交谈

当家长百般逗留、迫切希望交谈时，教师应设定清楚的界限，但还是要表达欢迎之意，交谈一段时间后，若还有其他事要做，教师可以说："我很喜欢和您谈话，但我现在必须过去看看其他孩子，如果您有时间多作停留的话，不妨到图书角，孩子总是喜欢听人讲故事。"这样说可以让家长感觉到受欢迎，也能让家长有用武之地。实在不行，教师也可坦白直言，并另约时间交流："我真的很想与您谈话，但我现在很忙，或许我们可以找个我不那么忙碌的时间，今天下午3:30以后，或者……"具体的引导可以帮助家长了解教师的工作和职责。

总之，教师在职业生涯中会遇到各种问题。教师必须理性地看待这些问题，分析问题产生的原因，寻求解决的办法，建设性地满足各方需要，并消除自己和他人的沮丧等消极情绪。

参考文献

[1] 曾健坤 . 基于性别表演理论的学前儿童性别教育路径探究 [J]. 大理大学学报 ,2020(11):81—86.

[2] 陈恩清 . 学前儿童的兴趣教育研究 [J]. 教育研究与实验 ,2009(S2):26—28.

[3] 陈盼盼 , 牛健壮 . 体育活动在学前儿童教育中的价值研究 [J]. 体育世界 (学术版),2016(7):88.

[4] 戴莉 . 学前儿童性别教育的研究现状及其启示 [J]. 中华女子学院学报 ,2016(4): 86—95.

[5] 邓菊香 , 钟群燕 . 学前儿童劳动教育的误解、困境及支持策略 [J]. 豫章师范学院学报 ,2022(2):91—95.

[6] 丁书新 . 学前儿童发展心理在家庭教育中的应用分析 [J]. 心理月刊 ,2020(18): 81—82.

[7] 霏鲁热 · 普拉提 . 幼儿文学对学前儿童语言教育中的运用初探 [J]. 语文建设 ,2016(6):5—6.

[8] 付娜仁 . 论《学前儿童语言教育》课程中分层教学的应用 [J]. 公关世界 , 2022(14): 102—103.

[9] 葛英姿 . 儿童科学启蒙教育探索 3 ～ 8 岁 [M]. 上海 : 上海交通大学出版社 ,2017.

[10] 关少化 . 对学前儿童素质教育几个问题的思考 [J]. 天津市教科院学报 ,2003(2): 58—59.

[11] 郭文斌 , 苏蒙 . 学前儿童家长教育需求及满意度调查研究 [J]. 陕西学前师范学院学报 ,2020(3):59—66.

[12] 何淑艳 , 代军 , 包海英 . 学前儿童健康教育 [M]. 北京 : 北京理工大学出版社 ,2017.

[13] 胡君婷 . 谈学前儿童的心理健康教育 [J]. 才智 ,2011(3):75—76.

[14] 黄晨 . 色彩在学前儿童教育类游戏中的应用研究 [J]. 大众文艺 ,2015(7):138.

[15] 贾红霞 , 谢军 . 乡村振兴视域下农村学前儿童家庭教育实践路径 [J]. 人民教育 ,2022(Z1):89—90.

[16] 姜漫漫 . 学前儿童音乐教育的作用、现状及对策 [J]. 北方音乐 ,2014(8):138.
[17] 金美琳 . 学前儿童音乐教育的价值与开展方式研究 [J]. 北方音乐 ,2016(23):84.
[18] 李飞飞 . 试论学前儿童艺术教育的价值 [J]. 艺术研究 ,2014(2):124—125.
[19] 李会玲 , 王录平 . 学前儿童受教育权的内容探究 [J]. 文学教育 (下), 2020(11): 184—185.
[20] 李路 , 李沛新 . 学前儿童中华民族共同体意识教育 : 意义旨归与实践逻辑 [J]. 广西民族研究 ,2022(1):81—87.
[21] 李娜 , 陈飞环 . 论情感素养在学前儿童文学教育中的培育研究 [J]. 陕西青年职业学院学报 ,2022(1):63—65.
[22] 李少梅 . 学前教育学 [M]. 西安 : 陕西师范大学出版社 ,2017.
[23] 李晓巍 , 刘倩倩 . 学前儿童家庭教育的社会支持 : 回顾与展望 [J]. 河北师范大学学报 (教育科学版),2021(1):126—134.
[24] 李燕 , 张惠敏 . 学前儿童家庭与社区教育 [M]. 北京 : 高等教育出版社 ,2017.
[25] 李祚如 , 郑洁 . 新理念下的学前儿童安全教育 [J]. 科教文汇 (上旬刊),2008(13): 64.
[26] 梁艳 , 郭玲 . 学前儿童教育中父亲缺位及其改善 [J]. 学前教育研究 ,2018(2): 67—69.
[27] 刘凤 . 学前教育阶段声乐启蒙教育策略 [J]. 鞍山师范学院学报 ,2019(2):87-89.
[28] 刘海华 , 赵光磊 , 马丽娜 . 学前儿童家庭实施自然教育的理论与实践探索 [J]. 白城师范学院学报 ,2022(1):23—30.
[29] 马林 . 试析学前儿童科学教育资源的类型和功能 [J]. 湖北第二师范学院学报 ,2014(5):89—91.
[30] 苗春凤 . 流动学前儿童家庭教育照顾现状及社会工作介入策略 [J]. 四川行政学院学报 ,2021(4):21—34.
[31] 苗春凤 . 流动学前儿童教育照顾研究回顾与展望 [J]. 内蒙古师范大学学报 (教育科学版),2021(3):41—50.
[32] 倪江情 . 学前儿童心理健康教育方法探析 [J]. 科技资讯 ,2018(33):252—253.
[33] 聂珺 . 关于多元智能理论与学前儿童音乐教育的整合探讨 [J]. 北方音乐 , 2018(19):229.
[34] 聂上伟 . 学前儿童健康教育 [M]. 成都 : 电子科技大学出版社 ,2020.
[35] 宁灵芝 . 基于 STEAM 教育理念的《学前儿童科学教育》课程教学改革的研究 [J]. 大众科技 ,2022(4):150—153.
[36] 潘军 . 浅谈家庭教育视野下的学前儿童教育问题 [J]. 铜仁学院学报 ,2013(6): 156—158.